Él hizo

ALGO BELLO

JANICE (Juanita) S. LARSON

Autora: Janice (Juanita) S. Larson

Reservados todos los derechos
ISBN: 978-0-9974878-1-7

Otros libros de esta autora:

- Había Un Indio

- He Made Something
  Beautiful
  (traducción de este libro al
  ingles)

Él hizo
ALGO
BELLO

La organización llamada *Las Asambleas de Dios de Panamá* es como un hermoso tapiz, tejido por Dios en los últimos casi 50 años.

En el tapiz se ve el diseño de una iglesia dinámica, llena del Espíritu, en marcha, que lleva el Evangelio a sus ciudades, su país, y al mundo entero.

Esta es la historia del comienzo de este fabuloso tapiz.

Dedicatoria

Dedico este libro a los que tuvieron un papel en el tejido de este tapiz. Un tapiz, como una buena historia, involucra a más de una persona. Cuando cada uno teje su parte, se convierte en la historia de todos, y están unidos entre sí para siempre.

Dedico este libro específicamente a las siguientes personas:

♥ A todos los misioneros con quienes hemos trabajado. Nos han inspirado y desafiado con su visión y dedicación. Fuimos bendecidos y enriquecidos al trabajar a su lado.

♥ A nuestros hermanos y hermanas panameños por permitirnos ser una pequeña parte de su historia. Gracias por sus corazones y brazos abiertos. Nunca hemos visto una fe tan grande, y juntos, creíamos que Dios estaba dispuesto a hacer cualquier cosa para ayudarnos a impactar al mundo para Cristo. Los amamos y siempre seremos parte de la historia de Panamá.

♥ A nuestros hijos, Melodee, Marcos, Cindee y Esteban, quienes añadieron mucho amor y alegría a nuestra familia. Siempre servimos juntos como familia. Gracias por su paciencia, porque tienen padres que pasaban mucho tiempo en la iglesia. Cada uno tiene su propia parte importante en este tapiz también. Ahora los hijos, Melodee y Larry Gruetzmacher, Marcos y Cindy Larson, Cindee y Jason Frenn, Esteban y Laura Larson, junto con sus familias, están sirviendo al Señor en sus propios llamados.

♥ A mi marido maravilloso, que es el líder y visionario de nuestro ministerio. Le admiro por su dedicación a Dios y su deseo de hacer todo con excelencia. Ha sido mi privilegio y mi gozo estar a tu lado por más de 56 años. ¡Te amo con todo mi vida!

♥ Un agradecimiento especial a las iglesias en los Estados Unidos, por enviarnos y orar por nosotros durante todos estos años. Ustedes, como colaboradores en el ministerio, tienen su parte en el tapiz también.

♥ Por último, pero no por ello menos importante, quiero dedicar este libro a nuestro Señor y Salvador Jesucristo por llamarnos, equiparnos y permitirnos ser parte de este hermoso tapiz, que fue hecho con tanto amor.

Índice

Introducción

La organización llamada Las Asambleas de Dios de Panamá es como un hermoso tapiz, tejido por Dios en los últimos casi 50 años.

Cuando nos fijamos en un tapiz, vemos una tela gruesa tejida, a menudo, a mano, para producir un diseño, generalmente pictórico. Por lo general, es una foto de inmensa belleza que a menudo cuenta una historia.

La urdimbre tiene que ser muy fuerte porque va a estar bajo tensión extrema. El hilo tapiz sólo tiene que ser hermoso, de muchos colores, y debe estar disponible.

Sin embargo, si se mira al otro lado del tapiz, parece ser sólo un revoltijo de roscas y nudos que van en todas direcciones. No se ve tan hermoso.

Las Asambleas de Dios de Panamá hoy en día es como un hermoso tapiz que Dios ha entretejido en los últimos casi 50 años. Está hecho de hilos de muchos colores y diferentes texturas. Se ve una foto o imagen de una iglesia dinámica, llena del Espíritu, que lleva el Evangelio a sus ciudades, su país y alrededor del mundo.

Ahora, al darle la vuelta al tapiz se puede ver cómo Dios lo entretejió y le puso fuertes hilos de ADN a la iglesia.

Cada nueva iglesia era un nuevo hilo añadido al tapiz. Cada pastor añade un hilo que muestra como él ha trabajado, sufrido y servido fielmente al Señor. Los Institutos Bíblicos donde han estudiado miles de personas añaden su color al tapiz.

Se puede ver el hilo de colores brillantes de los indios Kuna y de otros grupos indígenas. Cada miembro de las iglesias también tiene un hilo, y por último, pero no menos importante, están los hilos de los que han orado y siguen orando por esta gran nación.

Ningún hilo de la experiencia es desperdiciado. Incluye bellas historias de vidas cambiadas, de la gran fidelidad de Dios y de su Gracia.

Cada persona, también, tiene su propio tapiz que Dios está tejiendo. Si sólo nos fijamos en la parte de atrás del tapiz, vemos de nuevo los errores, las malas decisiones, las cosas que han causado daño y dolor a la iglesia, a nuestras propias vidas y a nuestro Señor.

Sin embargo, de vez en cuando, Dios nos permite ver lo que Él está tejiendo, y esto nos da valor para seguir adelante. Vemos la belleza de nuestro

viaje con él y estamos muy agradecidos porque la
vida ha sido tan rica. Cuando Dios está a cargo
todo sale hermoso.

Déjeme relatar de nuevo cómo comenzó el tapiz de
las Asambleas de Dios de Panamá. No hubo
iglesias, pastores, o pueblo de Las Asambleas de
Dios. Era un lienzo en blanco y Dios estaba listo
para comenzar el tejido. A la vez (aunque no nos
conocíamos), tres familias, que habían vivido y
ministrado en tres países diferentes, sintieron el
llamado de Dios para servir en Panamá.

Panamá se encuentra tanto en el Atlántico como en
el Pacífico, donde el Canal de Panamá conecta al
mundo y el Puente de las Américas conecta las
Américas. Aunque pequeño en tamaño, es la
"encrucijada de las Américas".

Las   tres   familias   escribieron   al
Departamento de Misiones de las Asambleas de
Dios en Springfield, Missouri, para expresar la
carga que estaban sintiendo para este pequeño país.
David y Doris Godwin fueron el primer hilo en el
tapiz. Luego, llegaron Pablo y Lane Palser, y por
último nosotros, Ricardo y Juanita Larson.
Llegamos a Panamá en noviembre de 1968.

Esta es la historia como la recordamos. Dios estaba
comenzando un hermoso tapiz y Él nos permitió
tener una parte pequeña. Sólo un hilo en la mano
de Dios

Esperamos que otros escriban sus historias como las vivieron.

Ahora, casi 50 años después, podemos ver que Dios ha hecho algo bello y ha entretejido un tapiz precioso.

Permítame contarle cómo Dios obró en nuestras vidas para prepararnos para una vida de servicio y nuestro llamado a trabajar en Panamá

Capítulo Uno: La Historia De Ricardo
(En sus propias palabras)

Adoptado

Nací de una madre soltera. Ella me puso en un orfanato. Cuando yo tenía tres meses de edad, una señora encantadora y su esposo llegaron al orfanato con la esperanza de adoptar una niña - para sustituir a la niña que habían perdido en el nacimiento. Sin embargo, mientras caminaban entre las cunas buscando un bebé, la mujer se detuvo, me señaló a mí y dijo:

-¡Quiero adoptar a éste!

Me llevaron a casa y me convertí en su único hijo.

Siempre estaré agradecido por no haber sido abortado y porque Dios velaba por mí. Incluso, Dios me cuidaba y me situó en un maravilloso hogar lleno de amor.

El Ejército me envío a Panamá

Después de dos años en la Universidad de Dakota del Norte, un compromiso roto y la falta de preferencia de carrera, yo no sabía qué hacer con mi vida.

Mi padre me convenció de no ir a la Fuerza Área por cuatro años, y en lugar de eso entré en el ejército para una asignación de tres años.

Fue casi al final de la Guerra de Corea. Después del entrenamiento básico, todos los de mi unidad fueron enviados a Corea o Alemania, a excepción de dos chicos. Uno de ellos fue enviado a Hawái y a mí me enviaron a la Zona del Canal de Panamá.

Era noviembre de 1954, y ya yo estaba estacionado en la zona del Canal de Panamá como miembro del Ejército de los Estados Unidos.

Cumpliendo 21 años

En la Zona del Canal, yo estaba esperando celebrar mi cumpleaños número 21 el diez de enero de 1955. Iba a tener una fiesta grande en un bar, en lo que entonces se llamaba "Avenida 4 de julio" en la Ciudad de Panamá. Esta era la calle que separaba la Zona del Canal de la Ciudad de Panamá.

Pero algo importante pasó antes de la celebración.

Decisiones

Doug, un militar, me dijo que yo debía ir a la capilla esa semana. Era la mañana del domingo 19 de diciembre de 1954.

Podía ver el vapor que subía desde la selva a unos cientos de metros de distancia de mi cuartel. Sería otro día de calor en la zona del Canal de Panamá. Me levanté y me preparé para ir a la capilla, ya que de vez en cuando lo hacía.

Subiendo por la calle hacia la Capilla del Ejército, me di cuenta de que no había gente, ni carros, ni actividad. Mientras caminaba por las escaleras de la capilla, me acerqué a la puerta, y vi la cartulina que decía: "Cerrado por reformas. Se celebran servicios religiosos en el teatro de la base."

Maldiciendo en voz baja, me volví a bajar las escaleras y caminé hasta la esquina.

Deteniéndome por un momento, hice lo que se convertiría en una de las decisiones más importantes de mi vida. Yo pensaba: "Puedo girar a la izquierda y volver a los cuarteles del ejército y conseguir un poco más de descanso, o puedo ir al frente hasta el teatro de la base y asistir a la iglesia."

Me había criado en la Iglesia Luterana y me habían enseñado a asistir a la iglesia los domingos. Como no había estado allí por un tiempo, me fui hacia el frente, y llegué al teatro de la base.

Mientras caminaba por la puerta, un chico de la

unidad, me dijo:

-Me alegro mucho de verte. ¡Estaré orando por ti!

Eso me hizo sentirme tan enojado. ¿Quién se creía que era? ¿Creía que él era mejor que yo?

Escondiéndome de Dios

Caminé lo más posible por la parte de atrás del teatro y me senté en el ambiente fresco y oscuro, esperando el inicio del servicio. Las cosas seguían su curso normal, según la rutina de un servicio religioso en la capilla del ejército.

Y luego, el capellán presentó al orador invitado para el día. Era un evangelista llamado Jack Wyrtzen, de la ciudad de Nueva York. Ahora bien, yo nunca había oído hablar a un evangelista y no sabía lo que era un evangelista, o lo que hacían. Pero yo ya estaba seguro de que no me iba a gustar.

Jack Wyrtzen dio su testimonio de liberación del pecado. Él dijo que antes era vendedor de seguros, y en su trabajo había llevado a muchas personas a Cristo. Él dijo que al fin entró en el ministerio a tiempo completo.

Recuerdo muy poco del sermón. Pero sí recuerdo que él habló de cómo Cristo había cambiado su vida. Al final del mensaje él dijo:

-Voy a pedir que se ponga de pie si quiere invitar a Jesús a entrar en su vida. Vamos a cantar un himno y mientras estamos cantando, yo quiero que se ponga de pie si quiere pedir a Cristo que entre en su corazón. No tenemos consejeros aquí para ayudarle, así que le pido que permanezca donde está para que pueda orar con usted.

Empezamos a cantar. En mi corazón yo sentía una profunda convicción y sabía que tenía que hacerlo. Mi lucha se hizo tan intensa que me agarré al asiento que estaba enfrente de mí. Al final de la primera estrofa de este himno, Jack dijo:
-¡No se agarre a la silla enfrente de usted! ¡Póngase de pie para Cristo!

Inmediatamente, dejé caer mis manos a los lados.
¿Cómo podía ver hasta aquí? Estábamos en la oscuridad y él estaba muy lejos.

Durante la segunda estrofa, agarré los brazos de mi silla. Después de cantar esta estrofa, dijo Jack:

-¡No sujete los brazos de su silla. Póngase de pie para Cristo!

Yo pensé: "¡Imposible! ¿Cómo podía verme aquí en la oscuridad?"
Después de eso, yo tenía miedo de moverme.

Cantamos otra estrofa. En mi corazón yo oré: "Oh Dios, permite que alguien más lo haga. Yo no quiero ser el primero". Después de cantar, Jack dijo:

-¡No espere a la persona a su lado, tal vez lo está esperando a usted!

Pensé: "¡Ahora está leyendo mi mente!"

¡Lo hice!

Me puse de pie, y en ese momento la batalla interior cesó y la paz de Dios inundó mi corazón. Al orar en voz alta la oración del pecador, yo sabía que había sido perdonado y una nueva vida había comenzado. Dios había ordenado mis pasos, incluso antes de que yo lo supiera. Yo había sido enviado por el ejército de los Estados Unidos a Panamá, donde iba a encontrar a Cristo.

Unos años más tarde, Dios me envió (nos envió a nosotros) a regresar a Panamá, donde podía devolver el favor y compartir a Cristo con la gente preciosa de Panamá. ¡¿No es maravilloso Dios?

Llamado al Ministerio

Un día, en la Zona del Canal, yo estaba en el cuartel escuchando el programa radial de Jack Wyrtzen. Jack predicó un mensaje en el que dijo:

- ¿Qué es eso en su mano?

Yo había ya sentido que Dios me estaba guiando para servirle.

Cuando Jack dijo esto, miré hacia abajo y me di cuenta de que yo tenía la Biblia en mis manos. En ese momento, fue como la Biblia cobró vida. No iluminada físicamente, pero yo sabía que debía predicar la Palabra.

Al terminar mi período de servicio militar, regresé a mi ciudad natal en Minnesota y es allí donde Juanita y yo nos conocimos.

Ambos asistimos al Instituto Bíblico North Central, recibimos el bautismo del Espíritu Santo, nos casamos y empezamos nuestro ministerio como pastores asociados en una iglesia. El Señor nos bendijo con tres hijos: Melodee, Marcos y Cindee. Esteban nació más tarde en Panamá.

(Se termina el testimonio de Ricardo)

Capítulo Dos: El Llamado Misionero

¿Qué es un misionero y quién puede describir un llamado misionero? La palabra "misionero" no se ve en la Biblia, sino que viene de la palabra latina "misión", que significa enviado. La palabra más cercana sería apóstol, que describe un mensajero enviado en una misión.

Es el "llamado", que obliga a una persona a dejar la seguridad y las comodidades de la casa, los amigos, y la familia para servir a Cristo en una tierra extranjera.

Para algunos, el llamado es dramático y para otros es una creciente conciencia de que Dios está guiándoles a pasar sus vidas llevando el evangelio a aquellos que tienen que saber. El llamado lo rodea y lo abarca. Usted lo respira y lo vive. No es un trabajo de ocho horas al día, cinco días a la semana. Impregna todo lo que hace.

Por lo general, no son los ricos y famosos los que son llamados, sino las personas comunes y corrientes. Hechos 13:21 y 22 dice: "He buscado en la tierra y encontré este DAVID, hijo de Isaí. Es un hombre cuyo corazón late en mi corazón, un hombre que hará lo que yo le digo."

En el Instituto Bíblico, nuestros corazones fueron movidos por misioneros que compartían historias de sus países y sus trabajos. Ricardo era el presidente del cuerpo estudiantil del departamento de misiones en su último año del Instituto

Vestido de novia u ofrenda misionera

Yo fui criada en una finca. Aprendí a manejar el tractor y el carro a los nueve años. Yo estaba en mi último año de colegio (*high school*) cuando Ricardo regresó de la Zona del Canal y nos conocimos.

Después de graduarme, yo fui al Instituto Bíblico. Siempre tuve un corazón para el Señor y quería ser esposa de un pastor o evangelista.

Antes de casarnos, yo (Juanita) recuerdo haber escuchado a una misionera soltera de Indonesia. Ella habló de la necesidad de fondos para construir un edificio para un Instituto Bíblico en su país.

Yo estaba trabajando 20 horas a la semana, tratando, desesperadamente, de ahorrar suficiente dinero para comprar mi vestido de novia. Íbamos a casarnos en pocos meses en junio.

Sentí el impulso del Espíritu Santo de dar el dinero que había ahorrado a la misionera. ¡Yo lo hice!

Dos meses más tarde, me encontré un hermoso vestido de novia, a mitad de precio. ¡Dios había provisto!

Llamados a Panamá

Estábamos felices pastoreando nuestra primera iglesia y cuidando a nuestra preciosa familia. La iglesia y la familia estaban creciendo juntas. Un día, mientras escuchábamos las noticias, oímos que en Panamá había violencia entre manifestantes panameños y soldados norteamericanos.

Ricardo sintonizó su radio de onda corta y escuchó las noticias día y noche durante tres días. Su corazón se rompió cuando, de repente, se dio cuenta de que posiblemente un norteamericano nunca podría vivir en Panamá. Esta fue la primera vez que él pensó que quería volver. Poco a poco, empezamos a sentir un empujón o un tirón para ir a Panamá. Era el 9 de enero de 1964.

¿Por qué nosotros?

Nos preguntamos muchas veces, ¿por qué Dios nos llamó a ser misioneros? Había gente que estaba mejor preparada que nosotros. Yo nunca había visto el mar, nunca había volado en un avión, y tenía problemas para hablar.

Primero de Corintios 1:26 dice, "….no sois muchos sabios según la carne, ni muchos poderosos, ni muchos nobles;"
Lo único que teníamos era un corazón conforme a Dios y estábamos dispuestos a hacer cualquier cosa por él.

No entendíamos que un nuevo mundo se estaba abriendo ante nosotros, y la vida, tal como la conocíamos, estaba a punto de cambiar para siempre. Con pequeños pasos, aprenderíamos una nueva cultura, una nueva lengua y llegar a ser parte de un esfuerzo misionero fabuloso.

Permiso para ser misioneros

Se estableció contacto con el Departamento de Misiones de las Asambleas de Dios en Springfield, MO, donde expresamos nuestro deseo de ir a Panamá como misioneros. Varias cartas iban y venían y nos enviaron un montón de papeles para llenar; debíamos declarar quiénes éramos, lo que habíamos logrado, nuestro llamado, etc. Con emoción, llenamos las formas y esperamos. Más formas y pruebas que era necesario llenar.

Varias semanas más tarde, fuimos invitados a una entrevista con el Comité de Misiones en Springfield, Missouri. Fuimos en carro a la entrevista. Tal vez por el estrés o el miedo, me enfermé. Tuvimos nuestra entrevista y encontramos hombres de Dios que sólo querían asegurarse de que estábamos seguros de nuestro llamado. Recibimos su aprobación para ser misioneros.

Debe elegir otro país

Sin embargo, como no había obra de Las Asambleas de Dios en Panamá, el Departamento de Misiones no quería mandarnos allá. El Comité nos dijo que tendríamos que elegir otro país. Un país en el cual la obra de Las Asambleas de Dios era fuerte y donde podríamos aprender a ser misioneros.

Salimos de la entrevista con corazones tristes. Sugirieron varios otros países de América Central entre los que elegir. Mientras más conducíamos hacia la casa, más tristes nos poníamos.

Al llegar a la casa, escribimos de nuevo pidiendo permiso para ir a Panamá. Pensamos: "Hemos estado en el ministerio por 2 años, sabemos cómo abrir una nueva obra." ¡Qué audacia! Ahora nos damos cuenta que hubiera sido un error grande. No sabíamos nada de la apertura de un nuevo campo.

El Comité nos contestó y dijo que no podríamos ir a Panamá, pero sugirió que fuéramos a Costa Rica, el país al norte de Panamá. Estaríamos lo suficientemente cerca como para entrar a Panamá cuando iniciara la obra. Oramos: "Señor, ¿qué debemos hacer? ¿No nos llamaste a Panamá?"

Cinco centavos de Panamá

Estábamos viviendo en Minneapolis, Minnesota. La noche antes de tomar nuestra decisión, Ricardo fue a una tienda en la esquina a comprar leche. Pagó con un billete de cinco dólares y esperó su cambio.

Al salir de la tienda, miró el cambio en su mano, y allí mismo, en la parte superior del cambio, él vio una moneda de cinco centavos de Panamá. Las monedas panameñas tienen el mismo tamaño y valor que las monedas estadounidenses. Era el año 1964 y había muy pocos latinos viviendo en Minnesota. Nunca habíamos visto o recibido una moneda panameña en toda nuestra vida.

Al mirar la moneda, es como si Dios nos dijera a nosotros: "Si puedo hacer que esta moneda de cinco centavos camine desde Panamá a Minneapolis y acabe en tu mano el mismo día en que tú necesitas tomar tu decisión, sin duda, puedes confiar en que te lleve a Panamá cuando sea el momento adecuado."

Inmediatamente, informamos al Comité de Misiones de que iríamos a Costa Rica, para aprender español, conocer cómo funciona la Iglesia Nacional, y estar lo suficientemente cerca de Panamá para visitarla. Estuvieron de acuerdo. Todavía tenemos esta moneda de cinco centavos de Panamá pegada a nuestros primeros documentos misioneros. Dios nos estaba guiando.

Capítulo Tres: Los Preparativos Para Salir

Fiebre reumática

Renunciamos a nuestra iglesia en el otoño de 1964 para empezar el proceso de recaudar el apoyo financiero. Íbamos a visitar las iglesias y presentar nuestra visión misionera.

Inmediatamente, después de renunciar al pastorado, me di cuenta de que tenía dolor de garganta. Una enfermera en nuestra iglesia me sugirió que fuera al médico, ya que podría convertirse en faringitis estreptocócica. Sin embargo, esperé unos días porque no teníamos ningún tipo de seguro médico.

Finalmente, Ricardo me llevó al médico, que para nosotros parecía muy viejo. Él dijo que era el peor caso de fiebre reumática que hubiera visto jamás, y que deberíamos ir directamente al hospital.

Le explicamos que íbamos a ser misioneros e irnos a América Central. Nos dijo que, debido a mi salud, sería imposible obtener autorización para salir.

Después de explicarle que no teníamos seguro médico, mi esposo le preguntó si podía cuidarme en casa. El doctor le hizo prometer que yo quedaría en cama y que también me daría penicilina todos los días, que tomaría mi temperatura y el pulso cuatro veces al día, e informaría de nuevo al doctor cada tres días. Con eso, volvimos a casa preguntándonos cuál sería nuestro futuro.

Quedarse en la cama no era fácil con tres niños pequeños para cuidar. Mi esposo estaba allí a tiempo completo y llevó todo a cabo muy bien.

Estábamos orando por un milagro de sanidad divina. Nuestro querido amigo el Pastor Robert Hanson y otros vinieron y oraron por mí. Después de unos días, mi pulso volvió a la normalidad y mi temperatura bajó a un nivel normal. Mi esposo oró sinceramente: "Párelo, Señor, o ella va a congelarse."

Pronto, todo era normal y regresé al médico. Mi corazón no había sido dañado y el doctor me dijo que todo estaba bien. El Comité de Misiones me dio permiso para salir. ¡Gracias Señor por mi sanación!

Levantando nuestro sostén misionero

Nos dieron un presupuesto financiero personal, y otro de trabajo. Era nuestra responsabilidad encontrar iglesias que prometieran enviar una cantidad específica cada mes durante los siguientes cuatro años.

Nuestro presupuesto era de $600 al mes. Nos tomó casi un año recaudar esta cantidad. Visitamos más de cien iglesias con un máximo de cuatro o cinco servicios semanales.

Fue todo un año, viajando con tres niños pequeños. Rara vez nos hospedamos en hoteles. Por lo general, nos quedábamos en la casa del pastor. Nuestros hijos, especialmente Melodee, que era la más grande (5 años), recuerda compartir la cama con la hija de un pastor que nunca había conocido antes. (Gracias, pastores, por su amabilidad y todas las comidas ricas).

Maestría en Comunicaciones

Ricardo estaba trabajando en su tesis de maestría en Comunicaciones de la Universidad de Minnesota. No había computadores en aquellos días y él se sentaba en el carro con una máquina de escribir en su regazo a escribir su tesis. Terminó su tesis el día antes de salir para Costa Rica.

Producción de un disco

En aquellos días, por supuesto, no teníamos CD o DVD. Pero teníamos discos de larga duración.

Fue una cosa divertida hacer un disco de larga

duración. Esto fue en los días previos a las orquestas en las iglesias, así que sólo teníamos acompañamiento de piano y órgano.

Ricardo y yo cantamos juntos y la pequeña Melodee cantó un solo. Lo grabamos muy tarde una noche y cuando llegó el momento para que cantara Melodee, tuvimos que despertarla, pues ella estaba durmiendo en la banca de la iglesia. Su pequeña voz era tan dulce.

Se utilizaron los discos como recordatorios de oración y los vendimos en nuestros servicios por $3.00. Cuando llegamos a Costa Rica, pudimos comprarnos un piano con ese dinero y tuve la oportunidad de enseñar a los niños a tocar.

Diciendo adiós

El tren llegó muy tarde en esa noche fría de enero de 1966, en el norte de Minnesota. Después de visitar cientos de iglesias, habíamos levantado todo nuestro apoyo misionero. También, habíamos enviado 13 barriles llenos de ropa y cosas necesarias para los próximos cuatro años.

De repente, oímos el silbido del tren que se aproximaba y sabíamos que era el momento de decir adiós. ¿Cómo dice uno adiós a los padres, sabiendo que probablemente no va a verlos de nuevo durante cuatro años?

Los abuelos apretaron a sus nietos muy fuertemente esa noche. Melodee tenía seis años, Mark tenía cuatro años y Cindee tenía dos años.

Fue la noche que habíamos soñado durante más de un año. Estábamos empezando una nueva vida en un nuevo país. Con gozo subimos al tren de la medianoche y por la ventana saludamos a los preciosos seres queridos que dejábamos atrás. Una abuela aún sostenía una muñeca que Cindee había dejado en nuestra prisa por subir al tren.

Cuando el tren se alejó de la estación, vimos desde la ventana como ellos desaparecieron de la vista. Estábamos tan emocionados de salir para Costa Rica.

No fue sino hasta años más tarde, cuando estábamos diciendo adiós a nuestros propios hijos cuando ellos salían al campo misionero, que entendimos el sacrificio que nuestros padres habían hecho por nosotros. Ellos nunca se quejaron y estaban tan orgullosos de nosotros.

Viajamos toda la noche y llegamos en la mañana a Minneapolis. Estábamos ocupados ese día, firmando nuestro testamento. Terminamos los asuntos de último minuto.

En la mañana, nos subimos al avión. Ricardo había viajado en avión antes, pero para los niños y yo, era la primera vez. Al aterrizar en Nueva Orleans esa noche, vimos el mar por primera vez.

El día siguiente, abordamos un avión de hélice –un *prop plane.* Y el avión aterrizó en cada país de América Central. No había aire acondicionado en los aeropuertos y algunos sólo tenían techos, así que nos sentamos en el calor caliente y húmedo a la espera de volver a bordo del avión. Había muy poco que comer y nos sentíamos cansados y hambrientos.

Por fin, anunciaron la llegada al aeropuerto de San José, Costa Rica. Qué hermoso ver la ciudad de San José, que está a cuatro mil pies de altura y rodeada de montañas que se elevan hacia el cielo. El avión rodeó la ciudad y encontró el punto de entrada en las montañas. El avión aterrizó de forma rápida. El misionero David Kensinger nos recibió en el aeropuerto y nos llevó a la casa que había sido alquilada por nosotros. Uau! Habíamos llegado aquí por fin.

Capítulo Cuatro: Aprendizaje En Costa Rica

Aquí estamos. Ricardo tiene 31 años y yo, (Juanita), tengo 25 años y tenemos tres hijos. No hablamos español. Nuestro reto es aprender a vivir en una nueva cultura y aprender un nuevo idioma.

Tenemos que establecer un hogar para la familia. Un lugar seguro donde los niños puedan tener una vida normal. Hay una señorita para limpiar la casa y cuidar a los niños. Yo tengo que explicarle a ella lo que debe hacer, cómo hacerlo, cuándo hacerlo y ni siquiera puedo hablar su idioma. Nuestra vida como misioneros estaba empezando.

Escuela de idiomas

Nuestro primer año en Costa Rica estuvo dedicado a aprender el idioma, aprender a trabajar y pensar culturalmente. Fue todo un año: clases cada mañana, la tarea en la tarde y tiempo con nuestros tres hijos en la noche. Cindee, nuestra hija de 3 años, en realidad aprendió español primero, ya que ella se quedaba en casa con la empleada y jugaba con los vecinos.

Los errores cometidos en español

Ricardo aprendió español muy rápido y en unos meses estaba empezando a predicar. Muchas palabras en español e inglés son tan similares que es fácil confundirse. En uno de sus primeros sermones, utilizó el ejemplo de un avestruz que escondió la cabeza en la arena, pero lo que realmente dijo fue que el avestruz escondió la cabeza en la avena.

Otra confusión fue la palabra "púlpito". En español es "púlpito", pero si se cambia el acento se diría "pulpito", que significa pulpo. Así que había que ser muy cuidadoso para no decir "Es un gran honor estar detrás de este "pulpo sagrado". El pueblo de Costa Rica es muy amable y rara vez nos corrigieron, pero fue posible ver sonrisas u horror en sus rostros durante el sermón.

Podría llenar un libro entero con todos los errores cometidos al hablar y escribir en español.

Muchas gracias a las amables personas en América Latina y España que han sido tan indulgentes y amables con nosotros.

Aprender y servir

Sólo dos iglesias en Costa Rica tenían pianos en esos años. Antes de que yo hubiera aprendido a hablar o entender el español, me pidieron que tocara el piano para la iglesia que se reunía en el Instituto Bíblico de las Asambleas de Dios en Moravia. Me sentaba en el banco del piano y cuando comenzara el servicio, alguien pondría un himnario en frente de mí con la página correcta. Cambiaron la página cuando anunciaron otro himno. Fue humillante, pero muy apreciado por la gente.

Al terminar el año en La Escuela de Idiomas, Ricardo empezó a enseñar en el Instituto Bíblico de Moravia. Casi cada fin de semana, se llenaba el Land Rover con los estudiantes que eran pastores de iglesias en diferentes pueblos y ciudades.

Los dejaba en sus casas para que pudieran predicar el domingo por la mañana. Él fue a recogerlos de nuevo el domingo por la tarde para que pudieran estar de vuelta para las clases el lunes. Él se quedó en una de las iglesias para predicar. Muchas veces dormía en un banco de la iglesia hasta que aprendió a llevar una hamaca con él. Él conectó los dos extremos de la hamaca a dos lugares en el techo. Sin embargo, aprender a dormir en una hamaca sin caerse supuso hacer algunos experimentos.

"¡Alto!"

Una noche, Ricardo regresaba a casa solo, después de visitar una iglesia en la parte sur del país.

Vivíamos en San José, la ciudad capital de Costa Rica, y él tenía   que cruzar la cordillera más alta del país. Con más de 12.000 pies, las montañas siempre estaban cubiertas de nubes. Había llovido durante muchos días y los caminos de la montaña estaban llenos de baches y eran muy peligrosos
.

Era de noche y él estaba conduciendo con las ventanas abiertas y limpiando la niebla en el parabrisas. Él tomó las curvas de la montaña lo más rápido posible hasta alcanzar un camión, y él pudo seguir sus luces traseras.

De repente, oyó la palabra "¡PARE!" Era tan real que de inmediato el Land Rover llegó a una parada completa. Al salir del carro se acercó a la parte delantera del Land Rover y vio que las lluvias habían arrastrado la carretera.

Delante de él había un precipicio que bajaba a miles de metros. Si no hubiera escuchado la voz que decía que se detuviera, habría caído a su muerte. Como él estaba siguiendo las luces traseras del camión, él no había visto el terreno lavado o el camino temporal alrededor. El camión había hecho el desvío y otra vez estaba de vuelta en la carretera. ¡Gracias a Dios por su protección esa noche!

Ministerio de la juventud

Esgrima Bíblica. Poco después de llegar a Costa Rica, le pidieron a Ricardo que fuera líder de la juventud para el país. Nunca había trabajado con la juventud, pero él hizo lo que los jóvenes estaban haciendo en los Estados Unidos.

Comenzó equipos de Esgrima Bíblica en todo el país. Tradujo los materiales - cada año se trataba de un libro diferente de la Biblia. Usaba una máquina de escribir IBM y utilizó un mimeógrafo para hacer copias. Pronto, los equipos estaban memorizando la Palabra de Dios y compitiendo en todo el país. Al final del primer año había un equipo campeón nacional.

Avance la Luz. En aquellos años, Marcos Murillo, el Superintendente de las Asambleas de Dios de Costa Rica, conducía una motocicleta. Para visitar las iglesias, tenía que cruzar las montañas a 12.000 pies de altura y luego ir todo el camino hacia el mar. Los caminos estaban llenos de baches y él manejaba a toda velocidad.

Nos preocupamos por su seguridad y sentíamos la necesidad de un transporte más seguro. Los jóvenes de Las Asambleas de Dios en los Estados Unidos tienen un programa llamado Avance la Luz (Speed the Light). Ellos recaudan dinero para la compra de automóviles para los misioneros.

Nuestro Land Rover había sido comprado por la juventud.

Tuvimos la gran idea de que la juventud de Costa Rica pudiera recaudar fondos para comprar un carro para   el superintendente. Con estos fondos y algo de ayuda de los Estados Unidos, nos pudimos comprar un Land Rover usado, hermoso, y rojo fuerte.

Lavamos el Land Rover en el río antes de presentarlo al superintendente en el Concilio General. Era como un sueño hacerlo. Lo que no pensábamos fue que él tendría que   aprender   a conducirlo.   ¿Quién, entonces,   iba a conducirlo hasta su casa? Bueno, Ricardo manejó el Land Rover del superintendente y yo iba con los niños en el nuestro.   Era un viaje de varias horas, cruzando las montañas.

El dedo de Cindee

Una tarde, regresamos a nuestra casa con el Land Rover lleno de comida. Cindee tenía 3 años de edad, y estaba sentada al lado derecho de la puerta principal. Ricardo tenía sus brazos llenos de bolsas de comida, y cerró   la puerta detrás de él. Cuando la puerta estaba cerrándose, el oyó la pequeña voz de Cindee decir: "¡No, papi!" Cindee había metido su dedo pequeño en la rendija de la puerta - entre la pared y la puerta - y no tuvo tiempo para sacarlo.

Rápidamente abrimos la puerta, y la punta de su dedo estaba simplemente colgando de un trozo de piel. En medio de sus llantos fuertes, fuimos a la clínica donde el médico unió la punta otra vez a su dedo. Lo vendaron y la enviaron a la casa.

Tuvimos miedo de que ella fuera a dañarlo cuando estaba jugando. En dos días estábamos saliendo de la ciudad para ir a un campamento de la iglesia y quedarnos en una tienda de campaña. No habría agua limpia para beber o para bañarse ¿Estaría bien Cindee, o iba a contraer una infección en su dedo?

Confiando en Dios, decidimos salir. Mientras íbamos en el Land Rover, nos dimos cuenta de que el dedo estaba empezando a sangrar. Llegamos a un pequeño pueblo y encontramos el consultorio de un doctor. La enfermera tomó a Cindee y la llevó a otro cuarto. Mi esposo saltó por encima del mostrador y la seguía de cerca. El doctor estaba a punto de cortar la punta de su dedo, pero Ricardo insistió en que sólo lo unieran de nuevo. Con su dedo vendado de nuevo, salimos, confiando en que el Señor iba a sanarla.

Si pudieran verla hoy, casi no se ve ninguna marca y ella ha utilizado ese dedo para tocar la flauta. Ella y su esposo Jason Frenn son evangelistas y misioneros en América Latina. El Señor mostraba su poder y protección a Cindee, y siempre ha sido un testimonio para ella.

Aprendiendo de otros misioneros

Estaríamos engañándonos si no dijéramos que casi todo lo que sabemos acerca de las misiones lo hemos aprendido de otros misioneros. Sería imposible mencionar a todos, entonces voy a mencionar dos parejas en Costa Rica.

David y Ruth Kensinger, nuestros mentores: cuando llegamos a Costa Rica, nuestros mentores eran los misioneros veteranos David y Ruth Kensinger. Los habíamos conocido a ellos antes, cuando vinieron a nuestra casa en los Estados Unidos para hacer nuestra entrevista misionera.

Un misionero veterano puede ayudar o dañar a un nuevo misionero por la manera en que lo tratan. Los Kensingers fueron maravillosos con nosotros. Nos presentaron a los pastores y nos llevaron a visitar a las iglesias a través de toda Costa Rica. Su vehículo misionero era un pickup con una caravana en la parte posterior. El Hermano David conducía a toda velocidad, tomando las curvas en los caminos de las montañas, con nosotros en la parte posterior, orando por nuestras vidas. ¡Chuleta! ¡Qué viajes!

De la hermana Ruth aprendí la importancia de arreglar y decorar una casa para que fuera un hogar. Cada detalle en su casa era perfecto y todo el mundo era bienvenido allí - desde los más humildes a los más importantes. Ruth cosió todas sus cortinas, que estaban decoradas con flecos balón en el borde. Pronto todos los nuevos misioneros teníamos cortinas con bola franja.

La paciencia de Ruth fue probada en gran manera el día en que nuestra hija Cindee y Cindy Godwin, niñas de cuatro años de edad, tomaron las botellas de perfume de Ruth. Las niñas fueron castigadas, pero siempre eran bienvenidas en su casa. La lección más importante que aprendimos de David y Ruth era "amar a la gente."

Elmer y Lee Bueno: Fue durante nuestro tercer año en Costa Rica que Elmer y Lee Bueno y sus dos hijos, Chris y Kim, llegaron de California. Vinieron con el propósito de empezar una cruzada en la ciudad de San José. Tenían un ministerio de televisión llamado "Buenos Amigos", donde cantaban, predicaban y entrevistaban estrellas de cine cuyas vidas habían sido transformadas por el Señor.

Los hermanos Bueno trajeron una tienda de campaña que se llamaba la "Catedral de Aire". Era una tienda de campaña que se inflaba con grandes sopladores. Antes de inflarla por primera vez, tenían que hacer dos cosas, y ellos necesitaban nuestra ayuda.

Alguien tenía que ir a la estación de televisión y anunciar la cruzada, y alguien tenía que conducir la camioneta y conseguir aserrín para cubrir el suelo antes de poner la tienda de campaña. Para los que nos conocen muy bien, se puede adivinar fácilmente lo que hicimos. Ricardo, vestido con su mejor traje, fue al estudio de televisión para anunciar la cruzada. Y yo, manejando la camioneta, estaba cubierta con aserrín de la cabeza hasta los pies.

Aprendimos mucho sobre cruzadas trabajando con los hermanos Bueno. Yo tocaba el acordeón y el teclado y Ricardo dirigía los servicios. Muchas personas fueron salvadas y sanadas. Sólo la eternidad revelará todas las cosas que el Señor hizo durante ese tiempo.

El resultado de esa cruzada fue una iglesia buena. El próximo año nos mudamos a Panamá, y de nuevo trabajamos con los Bueno. Elmer ahora está con el Señor en el cielo, pero seguimos siendo amigos de Lee y sus hijos.

Fue durante nuestra estancia en Costa Rica que conocimos a Ramiro Morris. Voy a escribir su historia más adelante en este libro.

Tuvimos tres años maravillosos en Costa Rica, aprendiendo como ser misioneros. Siempre amaremos y apreciaremos a los líderes de la iglesia y al pueblo de Costa Rica por sus corazones abiertos y su bondad para con nosotros.

Capítulo Cinco: Panamá

Dios estaba abriendo la puerta para empezar la obra   de las Asambleas de Dios en Panamá. Habíamos realizado varios viajes   a   Panamá durante   ese tiempo y   nos sentíamos parte de lo que Dios iba a hacer.

David y Doris Godwin y sus tres niños y una niña, fueron los primeros de las tres familias misioneras en ir a Panamá. Ellos habían comenzado su ministerio siendo evangelistas, pero pronto fueron a ministrar en México. Después   de un tiempo en México, ellos fueron nombrados misioneros de las Asambleas de Dios y fueron a Costa Rica. Plantaron una iglesia en la ciudad de San Pedro, Costa Rica.

Durante sus años en Costa Rica, se dieran cuenta de que en Panamá, el país vecino de Costa Rica, no había obra de las Asambleas de Dios. Después de cuatro años en Costa Rica y un año de visitar iglesias en los Estados Unidos, ellos se mudaron a Panamá.

Una de las primeras cosas que hicieron fue alquilar una casa grande donde empezaron programas de radio diarios.

Empezando la cruzada - junio de 1967

Después de estar en la radio por varios meses, invitaron a los evangelistas Richard y Elva Jeffery para comenzar una cruzada diseñada para iniciar una nueva iglesia.

Ellos encontraron un terreno vacío para poner su tienda de campaña de lona. Pusieron grandes pancartas frente a la carpa, que decían "La campaña de sanidad divina". El hermano Jeffery predicó en inglés un mensaje de fe, y David Godwin lo interpretó al español.

Al final del mensaje, dieron dos invitaciones. La primera invitación fue para la salvación y todos iban adelante para orar juntos. Para algunos de ellos, significaba orar muchas veces hasta llegar a entender que ya fueron perdonados.

La segunda invitación fue para la sanidad, y después de la oración, algunos salieron de sillas de ruedas y fueron caminando, dejando a sus sillas de ruedas o muletas atrás. Fue un verdadero avivamiento y cientos de personas vinieron al Señor.

Después de muchos meses en la carpa, encontraron un cine, no muy lejos, para comprarlo. Era uno de los cines más sucios de la ciudad - tanto en las películas que mostraban como en el uso del edificio.

Los hermanos limpiaron el edificio y lo llamaron, "El Templo Vista Hermosa". El avivamiento continuó noche tras noche. Tenía una hora de enseñanza cada noche antes del servicio, y comenzaron un Instituto Bíblico nocturno para los que ya estaban sintiendo el llamado al ministerio.

Los primeros cristianos, que nacieron en el avivamiento, crecieron rápidamente en las cosas del Señor y fueron la primera ola de trabajadores para comenzar más iglesias.

El hilo de los nuevos conversos comenzó a mostrarse en la parte posterior del tapiz.

Cuando los Godwin comenzaron a predicar a Jesús, realmente salió el sol en la encrucijada de las Américas.

Solamente ellos pueden contar su historia, pero pocos son los que nos han inspirado como los hermanos Godwin.

Iglesia en la Zona del Canal

Fue en el año 1968 cuando los Misioneros **Pablo y Lane Palser** y familia llegaron a Panamá. Después de haber pastoreado iglesias en los Estados Unidos, fueron a la Guayana Británica (British Guyana - donde se habla inglés) como misioneros con Las Asambleas de Dios. Comenzaron una iglesia grande, con un ministerio de radio diario que alcanzó a miles de personas.

Sintiendo el llamado a Panamá, asistieron a la escuela de idiomas en San José, Costa Rica, y llegaron a Panamá en 1968. Vinieron con el propósito de iniciar una iglesia de las Asambleas de Dios para los militares y para los que vivían en la Zona del Canal.

Ellos negociaron la compra de una propiedad en la Zona del Canal - la antigua iglesia de la Ciencia Cristiana. Esto se convirtió en el hogar de la Iglesia Balboa.

Sin embargo, a la espera de iniciar la iglesia en la Zona del Canal, los Palser visitaron la ciudad de Colón - una ciudad a la orilla del mar Atlántico. Allá encontraron el mismo tipo de personas con quienes habían trabajado en la Guayana Británica.

Sus corazones fueron tocados por la tremenda necesidad de esta ciudad y pronto encontraron un cine grande para alquilar y comenzaron las reuniones. Cientos de personas comenzaron a asistir y era tan obvio que Dios estaba enviando otro gran avivamiento allá. Esto se convirtió en el Templo Calvario de Colón.

Llegamos a Panamá en 1968

La primera iglesia en Panamá ahora tenía un año y

medio de edad. El Departamento de Misiones nos dio permiso para movernos a Panamá por un año, antes de regresar a los Estados Unidos, para el año de visitar iglesias.

Decir adiós a Costa Rica fue difícil, pero por fin nos íbamos a donde Dios nos había llamado. Llegamos a Panamá en noviembre de 1968.

¡Señor, danos, por lo menos, 10 años!

Llegamos en un tiempo difícil a Panamá. En octubre, un mes antes de nuestra llegada, hubo un golpe de estado. El presidente Arnulfo Arias quedó fuera del gobierno y tenía que salir del país. Había soldados con ametralladoras en casi cada esquina de la calles. Era un tiempo de mucha confusión e inestabilidad. Como norteamericanos éramos conscientes de que se podrían cerrar las puertas de la oportunidad para los misioneros. Nuestra oración se convirtió en "Señor, por favor, danos, por lo menos, diez años para trabajar."

Asignación de un año

Al llegar, pensamos en trabajar en la Ciudad de Panamá. Pero, los misioneros nos pidieron ser los pastores de la nueva iglesia que se estaba formando en la Zona del Canal. Eso hicimos.

¡Qué lindo trabajar con los militares y sus familias y los que vivían en la Zona del Canal! Estaban tan agradecidos de tener una iglesia propia. Si no hubiéramos pasado un año aprendiendo español y no nos sintiéramos llamados al mundo de habla hispana, hubiéramos quedado como sus pastores para siempre.

Durante ese año, una noche por semana, íbamos a la nueva iglesia en la Ciudad de Panamá, para enseñar en su Instituto Bíblico. Otra noche por semana, tomábamos el tren que va de un lado a otro del país (aproximadamente 40 millas), hasta la nueva iglesia en la ciudad de Colón para predicar en el servicio o enseñar en su Instituto Bíblico.

Marcos es atropellado por un carro

1969 - A pesar de tener nuestro ministerio en la Zona del Canal con los militares, vivíamos en un departamento alto en la ciudad de Panamá. Vivíamos en el cuarto piso y los Godwin vivían en el séptimo piso. Nuestros hijos eran buenos amigos. Muchas veces cruzaban una calle muy transitada para ir a una tienda de dulces o para cortarse el pelo.

Nuestro hijo, Marcos, tenía ocho años. Un día, yo no sé por qué lo dejamos ir, él cruzó esa calle, y fue atropellado por un auto. Él quedó inconsciente en la calle. Es un milagro que otros carros no pasaran encima de él.

Gracias a Dios, el carro que lo golpeó se detuvo y el chofer lo recogió, lo puso en el carro, y lo llevó al hospital Santo Tomás. Al llegar al hospital, Marcos se despertó lo suficiente como para dar a las enfermeras su número de teléfono. Recibí una llamada del hospital diciendo que mi hijo estaba allí y que yo debía ir.

Ricardo estaba predicando en Río Tigre, una isla de San Blas, y no iba a regresar a casa hasta el día siguiente. No había manera de ponerme en contacto con él. Conseguí a alguien para que se quedara con los otros niños y fui corriendo al hospital. A llegar, yo vi que mi hijo tenía un gran chichón en la cabeza y una pierna rota cerca de su cadera.

Mientras esperaba arreglar los papeles en el hospital, una dama panameña se acercó. Su marido era un coronel de la Fuerza Área de los Estados Unidos. Ella me animó a trasladar a Marcos al hospital militar en la Zona del Canal. Ella explicó que él iba a recibir mejor atención allí. Le expliqué que aunque éramos estadounidenses, no teníamos permiso para usar ese hospital. Sin embargo, ella continuó insistiendo. Finalmente, decidí hacer la llamada y gracias a Dios, nos aceptaron y pude moverlo al Hospital Gorgas.

Era un hospital maravilloso. Siempre estaré agradecida de que Marcos pudiera estar allí. Ellos lo operaron y le pusieron un tornillo en la pierna.

Él tuvo que permanecer en el hospital en tratamiento durante siete semanas y luego, en casa, con el cuerpo enyesado desde los pies al pecho, durante siete semanas más.

Todavía estábamos pastoreando en la iglesia en la Zona del Canal. La iglesia estaba construida sobre una colina. Había 40 escalones para subir a la iglesia. Todos los domingos, poníamos a Marcos, con el cuerpo enyesado, sobre una silla plegable del patio. Con mi esposo a un lado y yo al otro lado, subíamos los 40 escalones. Nos quedábamos en la iglesia todo el domingo para no tener que hacerlo dos veces en un día.

Con el tiempo, se curó bien y él no ha tenido ningún problema con su pierna. A veces nos preguntamos por qué las cosas suceden, pero Dios siempre trae algo bueno de lo malo.

Más adelante, en este libro, voy a contarle cómo mi conversación con esta mujer panameña en realidad fue el vehículo que Dios usó para ayudarnos a conseguir el financiamiento para el nuevo edificio para la iglesia en la Ciudad de Panamá.

Volviendo a los Estados Unidos

Después de tres años en Costa Rica y un año en Panamá, era tiempo de regresar a los Estados Unidos para visitar a las iglesias que nos apoyan.

Los misioneros que iban a tomar nuestro lugar en la iglesia de la Zona del Canal todavía estaban recaudando sus fondos y tardaron en llegar. Gracias a Dios por nuestros muy queridos amigos, Roberto y Monzelle Hanson y su familia, que llegaron, con su propio dinero, para ayudar en la iglesia. ¡Hicieron un trabajo fantástico! Era la primavera de 1970.

Capítulo Seis: ¡Años Fantásticos En Panamá!

En enero de 1971 los jóvenes de las iglesias de Las Asambleas de Dios de Minnesota nos compraron un vehículo nuevo y empacamos nuestras maletas para volver a Panamá.

Con tres niños en el asiento de atrás, y yo embarazada de cuatro meses y bastante enferma, salimos de Minnesota en el carro para viajar 4.000 millas a Panamá. En aquellos días no había muchas autopistas y yo recuerdo que el camino daba vueltas y vueltas en las montañas, a través de México y todo el camino de América Central, hasta llegar a Panamá.

¡Espérennos porque somos sus líderes!

Los hermanos Godwin ya tenían que salir para su año de visitar iglesias y era natural para nosotros tomar su lugar como pastores de esta iglesia creciente y dinámica. La iglesia Templo Vista Hermosa ya tenía cuatro años y estaba teniendo un impacto grande en la ciudad.

El cine, convertido en templo, estaba lleno con más de 500 personas, con dos servicios los domingos, y servicios martes, miércoles, jueves y viernes. Tenían veinte anexos alrededor de la ciudad, donde había reuniones los sábados.

La iglesia había comenzado un Instituto Bíblico también, que tenía clase tres noches por semana durante el culto de la noche. El Hermano David daba clases cuando la Hermana Doris dirigía el servicio de adoración. Después, Doris enseñaba mientras David predicaba el mensaje. Recuerden que esta era la primera obra de las Asambleas de Dios en Panamá y ellos estaban haciendo todo lo posible para preparar obreros y pastores.

El Hermano David tenía dos o más programas de radio diarios. El lunes era la única noche libre de la semana. La Hermana Doris casi perdió su buena salud durante este tiempo. A menos que haya sido parte de un avivamiento, es difícil entender cuanto y cuán duro es el trabajo. El Concilio de Las Asambleas de Dios de Panamá es en parte la gran obra que es hoy gracias al amor y la dedicación de los hermanos Godwin.

Seguir a los Godwin como pastores de esta tremenda iglesia era como subir a un tren que va con exceso de velocidad. Hicimos todo lo posible para mantener las cosas en marcha, a pesar de que nuestras personalidades y dones son diferentes de los que tienen los Godwin.

Al principio, fue difícil para mí cumplir con las expectativas de algunos hermanos. Aunque yo tocaba el órgano, el acordeón, dirigía el coro de jóvenes y ayudaba con la adoración, no tenía el don de predicar. Tantas veces he preguntado al Señor por qué no me dio el don de hablar en público. Casi cada panameño tiene la capacidad de levantarse delante de la gente y hablar o decir un poema.

Así que, para aquellos que sienten eso, quiero que sepan que hice mi mejor esfuerzo y traté de usar mis dones musicales y gran amor por la gente para compensar por lo que no podía hacer.

En ese edificio cálido, húmedo y sin aire acondicionado, después de predicar y orar con los hermanos, mi esposo se sentía muy cansado. Muchas noches, el salía por la puerta de atrás y yo me quedaba para visitar y amar al pueblo.

Ricardo continuó con los programas de radio diarios, y también añadió otros. Él uso todo medio de comunicación, hasta la televisión tres noches por semana.

El nacimiento de nuestro hijo Esteban

Nuestro hijo Esteban (Stephen) nació en Panamá el 5 de julio de 1971. Cada noche yo tocaba el órgano en la iglesia. También tuvimos un grupo de Embajadores en Misión (AIM) de Minnesota allí la semana que Esteban nació. Habíamos conseguido permiso para usar el hospital Gorgas en la Zona del Canal donde Marcos había estado hospitalizado durante siete semanas.

El día en que Esteban nació había un funeral para un miembro del cuerpo oficial y, por supuesto, yo tenía que tocar el órgano.

Sin embargo, aproximadamente una hora antes de comenzar el funeral, empecé a tener dolores de parto. Rápidamente, Ricardo me llevó al hospital y allá me dejó para que pudiera oficiar el funeral.

Gracias a Dios, él pudo volver al hospital a tiempo para estar allí para el nacimiento aunque, en aquellos días, el padre no estaba permitido en la sala de partos.

¡Qué alegría cuando nació Esteban! Se convirtió en un proyecto familiar. Todos sus hermanos querían cuidarlo, especialmente en la iglesia, donde podían hacerlo en la oficina con aire acondicionado. Toda la iglesia lo amaba, y en Panamá aún se le conoce como "El panameño".

El Grupo Dinámico de Jóvenes

Los jóvenes de la iglesia, de veras, estaban enamorados de Dios. Muchos ya estaban estudiando en el Instituto Bíblico, preparándose para el ministerio. El Grupo de Jóvenes se llamaba Koinonia y, durante muchas semanas, cuando estaban juntos, sólo se hablaba de las cosas del Señor, nada más.

En los primeros años, equipos de jóvenes vinieron de los Estados Unidos y enseñaron a nuestros jóvenes cómo evangelizar. Pronto los jóvenes panameños estaban evangelizando en sus escuelas. Una escuela tenía una elección para presidente del cuerpo estudiantil. ¡Tantos jóvenes escribieron el nombre de Jesús, que Él ganó!

Todos los sábados, la juventud iba a los campos de fútbol donde los equipos estaban jugando. Durante los intervalos, ellos salían al campo y comenzaban a compartir su testimonio de lo que el Señor había hecho por ellos. Muchas veces, equipos de fútbol enteros se pusieron de rodillas en oración, para aceptar al Señor como su Salvador.

Tuvimos varios líderes y pastores de jóvenes maravillosos. No me atrevo a nombrarlos para no olvidar algunos. Ellos saben quiénes son y que los amamos y damos gracias a Dios por sus vidas y su ministerio.

El coro de jóvenes

Mi mayor alegría fue dirigir el coro de jóvenes. Ricardo me ayudó mucho y Melodee también, cuando era más grande.

Había alrededor de 20-30 personas en el coro. Al principio, empezamos cantando armonías de dos voces. Algunos, realmente no podían cantar, pero lo compensaron con su gran entusiasmo.

Hicimos varios uniformes. Al principio, fueron faldas largas y blusas blancas para las señoritas y camisas blancas y pantalones oscuros para los chicos. Un año, todos los chicos tenían pantalones blancos y camisas rojas. Para ocasiones muy especiales, usamos camisas de esmoquin y vestidos de lujo.

También, tuvimos la oportunidad de ministrar en la prisión en la Isla de Coiba.

Invitados a cantar en Venezuela

Invitamos al misionero-cantante Juan Romero frecuentemente a la iglesia. Con cariño, le llamábamos "El mejicano alegre". El Hermano Juan escribía y cantaba toda su propia música.

Un domingo, el hermano Juan estaba visitando la iglesia. Al escuchar como cantaba el coro de jóvenes, el hermano Juan estaba muy impresionado y los invitó públicamente a viajar a Venezuela, para cantar en una conferencia grande, donde él iba a cantar y Nicky Cruz iba a predicar.

Por supuesto, el coro dijo: "¡Sí, queremos ir!" y después de que se calmaron las emociones, empezamos a pensar en cómo podíamos llegar allí. En aquellos días, un billete de ida y vuelta desde Panamá a Caracas, Venezuela costaba $200.00. Así que pensamos, "$200.00 por 30 jóvenes serían alrededor de $6,000.00."

Los jóvenes no tenían esa cantidad de dinero, pero una cosa sí tenían: ¡tenían una fe tremenda! Ellos dijeron: "¡Dios quiere que vayamos a cantar a miles de personas y Él nos ayudará a llegar allá!"

Comenzaron a orar, y cuando estaban orando, venían las ideas. Llamaron al gobierno panameño para ver si tenían un avión para llevarles a Venezuela, pero el avión del gobierno estaba averiado.

Tenían un montón de ideas para levantar fondos, pero ninguna funcionó. Todos los días se encontraban en la iglesia orando. Llegó la semana de la conferencia. El domingo de esa semana, Ricardo iba a salir para Venezuela porque tenía que llegar temprano para unos servicios. El coro tenía que llegar el viernes por la noche.

Partiendo para el aeropuerto, Ricardo recuerda haber orado: "Señor, no dejes que el coro de jóvenes esté demasiado decepcionado si no se llega a Venezuela." Ahora, él se avergüenza de haber tenido tan poca fe.

El lunes, algunos jóvenes del coro dijeron a sus familias (algunos de los padres no eran creyentes) que iban a Caracas, Venezuela, y como no sabían cuál día iban a ir, estaban llevando sus maletas a la iglesia para estar listos.

Ellos oraban todo el día y luego por la noche tenían que volver a casa. Esto continuó hasta la tarde del viernes. Era el último día para conseguir boletos, así que algunos del coro decidieron ir a las oficinas de la línea de Pan American y pedir boletos.

Fueron a la oficina y le dijeron al oficial de Pan American:
-Tenemos que volar a Caracas, Venezuela hoy.

Se les dijo que sólo había 16 cupos disponibles en el vuelo de la tarde. En ese mismo momento, los jóvenes decidieron que la mitad del coro iba y la otra mitad tendría que quedarse y orar.

Ellos dijeron:
-Está bien, por favor preparen los boletos, y mientras usted está haciendo eso, ¿podríamos reunirnos con el director?

Fueron llevados a la oficina del director, donde comenzaron a cantar y compartir sus testimonios con él. Dieron testimonio de cómo habían sido librados de las drogas y de sus vidas cambiadas. Pronto vieron lágrimas en los ojos del director y él les dijo:

-No sé por qué, pero yo voy a darles estos 16 boletos y cargarlos como publicidad.

Cuando ellos regresaron a la iglesia, yo tenía la difícil tarea de decidir quién viajaría y quién se quedaría atrás para orar. Gracias a Dios, no hubo resentimientos; para ellos, era ministerio.

Esa noche, Melodee y yo volamos con el coro a Caracas y cuando nos bajamos del avión, Ricardo estaba esperándonos. Él me contó más tarde que cuando vio a los jóvenes bajar del avión, ellos caminaban como reyes y reinas. Dios   había respondido a su fe. Es una historia que hemos contado a miles de personas. ¡Qué grande es nuestro Dios!

El árbol navideño

Queríamos hacer algo muy especial en la Iglesia para   la Navidad. Las iglesias en los Estados Unidos estaban haciendo algo nuevo llamado "El árbol que canta." Decidimos   hacer   eso también. Construimos una estructura (en la forma de un árbol de Navidad) adentro de   la   iglesia; tenía   cerca   de   18   pies   de   altura. La arreglamos con adornos de Navidad.

Decidimos grabar la cantata y presentarla en televisión. Para no escuchar el ruido de la calle, cerramos todas las ventanas y puertas de la iglesia.

El coro tomó su lugar en el árbol y las cámaras empezaron a grabar. Sólo había un problema. La iglesia no tenía aire acondicionado y el calor era sofocante.

El coro, parado en esta gran estructura, empezó a cantar. De repente, escuchamos un ruido terrible. Hacía tanto calor que uno de los jóvenes llamado "Chico", que estaba parado a seis pies del piso en la estructura, se desmayó y cayó, rompiendo una silla en la primera fila de la iglesia. Qué bueno que las cámaras no estaban enfocadas en él. Los jóvenes seguían cantando y la mayoría de ellos ni sabían lo que había ocurrido hasta terminar de cantar. ¡Oh, y Chico no resultó herido!

Carnaval

En esos años, la celebración del Carnaval en Panamá era la segunda más grande en el mundo después de Brasil. A causa de todo el mal durante la celebración, las iglesias de otras denominaciones llevaban a toda su juventud a retirarse al interior del país.

Como el ADN de la iglesia en la Ciudad de Panamá era puro evangelismo, decidimos poner un carro alegórico en el desfile de Carnaval.

Recibimos más de un millón de tratados por medio de Luz para los Perdidos, el programa de literatura de las Asambleas de Dios en los Estados

Unidos. Los jóvenes enrollaron cada tratado en celofán con una banda elástica alrededor. Así fue posible lanzarlos como un dardo a la multitud.

Alquilamos un gran camión de plataforma - decoramos con carteles que decían "Jesús es la respuesta", "Ten Fe en Dios" y el nombre de nuestra iglesia, "Templo Vista Hermosa". Pusimos los tratados en barriles sobre el camión y el coro de jóvenes se sentó sobre los barriles hasta que fue necesario sacar más tratados.

Grabamos de antemano al coro de jóvenes cantando y pusimos un sistema de sonido en el camión. Como protección, pusimos a las chicas en el centro del camión, y las rodeamos con los chicos. Cuando tomaron su lugar en la fila para el desfile, había un camión detrás de ellos con una banda con música Cha. Tuvimos miedo   de que nadie fuera a escuchar nuestro coro.

El desfile comenzó. La personas que estaban a lo largo de la ruta del desfile dijeron que podían oír el coro muy bien, pero apenas escucharon a la otra banda. La gente estaba tan ansiosa de recibir los tratados. También, había hermanos de la iglesia estratégicamente colocados a lo largo de la ruta del desfile, para ministrar a las personas que recibieran los tratados.

Cuando el desfile terminó, los jóvenes del coro regresaron a la iglesia para compartir con los hermanos que todavía estaban en el servicio de la noche. ¡Qué alegría y gozo escuchar sus experiencias y testimonios de evangelizar y presentar a Jesús en medio del desfile de Carnaval!

Al día siguiente, en la última página de un gran periódico panameño, había una foto de nuestro carro alegórico con palabras que decían: "La Iglesia muestra la verdadera alegría en el Carnaval".

Cantata Aleluya

Había una nueva cantata en inglés, llamada "Aleluya", y escrita por Bill y Gloria Gaither. Todavía no había sido traducida al español. Queríamos cantarla, así que Ricardo y otros de la iglesia hicieron la traducción y fuimos los primeros en presentarla en español.

Solamente aprendimos la armonía de tres partes; nunca llegamos a cantar la parte del bajo. Para ayudarles a aprender la música, yo cantaba la melodía en un casete, y se lo di a cada soprano para que lo escuchara. Hicimos lo mismo con los de segunda voz y con los tenores. Sabíamos que una vez que se aprendieron su parte, nunca la olvidarían.

Fue por esta cantata que hicimos hermosos vestidos largos para las señoritas, y los chicos tenían las camisas de esmoquin y pantalones oscuros. Ya estábamos usando nuestro nuevo edificio y todo era muy lindo y hermoso. Dimos el concierto varias veces y en cada ocasión muchas personas aceptaron al Señor.

El programa de televisión

Siempre buscamos nuevas maneras de alcanzar a la gente. Empezamos un programa de televisión de cinco minutos, tres noches a la semana. El programa salió al aire a las 11:45 de la noche, justo antes del cierre de la televisión de la noche. Queríamos alcanzar a personas que estuvieran inquietas y no pudieran dormir. Tal vez al ver el programa encontrarían a Cristo. Nuestro programa se llamaba " La Catedral de Vida" - (*The Cathedral of Life*).

El Coro de Jóvenes cantó en muchos de esos programas. Grabamos los cantos de antemano. Pusimos a los mejores cantantes en la primera fila para que sus voces pudieran ser escuchadas. Para la grabación del programa cantaban sin micrófonos (*Lip sync*). Sus sonrisas y entusiasmo, y también sus voces, ministraban a miles de personas.

Una mañana, mi esposo recibió una llamada telefónica en la cual le pedían que fuera de inmediato al Hospital del Seguro Social. Se fue esperando encontrar a alguien en su lecho de muerte. En lugar de eso, se encontró con un hombre vestido y sentado, listo para salir del hospital.

El hombre explicó que había llegado al hospital con cáncer incurable. Pero, una noche cuando él no pudo dormir, vio nuestro programa de televisión. Al final del programa, él se arrodilló al lado de la cama en el hospital, y oró para aceptar a Cristo en su vida y para pedir sanidad. Al día siguiente, los médicos le hicieron nuevas pruebas y su enfermedad había desaparecido. Él iba a salir del hospital y quería contarnos su testimonio.

Como resultado del programa de televisión, recibimos muchos testimonios de vidas cambiadas y muchas visitas a la iglesia.

Los Dewey

Dios nos envió muchos ministros y evangelistas de varios países para bendecir a la obra en Panamá, y cada uno contribuyó al crecimiento de la iglesia.

Los Evangelistas Levoy y Cleon Dewey, con sus hijas Cindy y Susana, venían desde Nashville, Tennessee, a Panamá, casi todo los años. Tim Dewey, el hermano de Levoy, y su esposa Sheryl, vinieron junto con ellos. Su primera visita fue en 1969, a la Iglesia en la Zona del Canal. Eran evangelistas musicales con las Asambleas de Dios y cantaban y tocaban muchos instrumentos musicales.

A pesar de que cantaban en inglés, los invitamos a ministrar en la iglesia en la ciudad de Panamá Llegaron por su propia cuenta y a veces tenían que pedir dinero prestado de su banco para el viaje.

Ellos fueron una gran inspiración y bendición. Muchas veces dejaron instrumentos musicales para ayudar a aquellos – especialmente los jóvenes - que querían servir al Señor en la adoración.

Su generosidad incluso llegó a las Islas de San Blas, donde construyeron un edificio para la iglesia de las Asambleas de Dios en la isla de Río Tigre. Además, la madre y el padre de Levoy compraron un piano de media cola, usado, para nuestra iglesia.

Los Dewey se convirtieron en nuestros amigos cercanos, y hace 28 años su hija mayor Cindy y nuestro hijo mayor Marcos se casaron. Hemos pasado muchos días de fiestas juntos y los amamos mucho.

Capítulo Siete: Construcción Del Edificio Nuevo

No se tardó mucho en saber que necesitábamos un edificio más grande para el crecimiento de la congregación. Comenzamos a buscar terrenos ubicados en las principales líneas de autobús. Casi todos venían a la iglesia en los autobuses de la ciudad. En el inicio de la obra, sólo había tres carros en la congregación, y uno de ellos era un taxi. Bajo el liderazgo de los hermanos Godwin, la iglesia ya contaba con un fondo de construcción, donde se habían ahorrado aproximadamente $ 5.000,00.

Un día, nuestro Pastor de Jóvenes, Lowell David (puede leer su historia más adelante en el libro) entró en la oficina y dijo:
-He encontrado el lote perfecto para el nuevo edificio de la iglesia.
Había descubierto un enorme lote ubicado por donde transitaban varias de las mejores líneas de autobuses: "La Vía Transístmica" y la "Vía Fernández de Córdoba". En medio del lote había una pequeña casa rodeada de malas hierbas.

Los planos

Empezamos a soñar con el edificio que queríamos construir. Era tan real que en nuestras mentes podíamos verlo construido. Ricardo pudo ver la plataforma y el púlpito donde él iba a predicar. Él pudo ver a las personas que venían al altar para aceptar al Señor y ser sanadas.

El arquitecto hizo los planos para un santuario con 1.200 asientos, además de un edificio educativo de tres pisos para la escuela dominical. Una noche, fuimos con el Cuerpo Oficial de la iglesia, para ver el lote. Dimos una vuelta por el lote, orando para que el Señor nos diera gracia con el propietario.

Las finanzas prometidas

Hablamos con un banco para conseguir un préstamo para comprar la propiedad. La propietaria del lote era una señora española y ella aceptó nuestra oferta; le pagamos un abono de $5.000.00. Ella nos dio 30 días para conseguir el resto del dinero.

Volviendo al banco, Ricardo dijo que ya él estaba listo para firmar el contrato y recibir el dinero. El presidente del banco, lo miró y dijo:
-Lo siento mucho, reverendo, pero nuestro banco acaba de cambiar su política, y ya no damos préstamos a iglesias.

Ricardo miró al presidente del banco y le dijo:

-¿Cree que usted lo siente? Ahora tengo que ir a la iglesia y decirles que yo, como su nuevo pastor, acabo de perder todo el dinero que han ahorrado en más de cuatro años.

Él regresó a la iglesia y explicó lo que había sucedido. El Cuerpo Oficial y los hermanos eran maravillosos. No hubo crítica alguna. Comenzaron a orar. Ellos oraron y ejercieron su fe, siempre confiando en el Señor.

Inmediatamente, empezamos a contactar a un banco tras otro, para pedir un préstamo. Los 30 días pasaron y la dueña del lote aceptó darnos 30 días más. Pensamos que podríamos obtener algo de dinero de los Estados Unidos, pero eso no funcionó. Por último, después de 180 días, la propietaria estaba tan enojada con nosotros que dijo:

-Yo les he dado tanto tiempo, y ahora deben saber que nunca voy a venderles esta propiedad.

Ricardo dice que cuando colgó el teléfono - en lugar de desanimarse - se sentó allí y empezó a reírse y dijo:

-Ella va a estar tan sorprendida cuando nadie más la compre hasta que tengamos nuestro dinero.

Encuentro divino

¿Recuerda la historia de cuando Marcos fue

atropellado por un carro y ocurrió mi encuentro con la señora que me animó a meterlo en el Hospital Gorgas, en la Zona del Canal? Bueno, un día, por "casualidad", yo estaba en la iglesia en la mañana y esta señora vino a nuestra oficina, con la idea de vendernos una propiedad al frente de la iglesia. Ella trabajaba en bienes raíces.

Cuando nos vimos, nos reconocimos y hablamos de como ella me había ayudado con Marcos. Ricardo explicó que la propiedad que ella quería vender no funcionaría para nosotros, y que ya habíamos encontrado el lugar perfecto, pero faltaba el financiamiento. Para resumir una historia larga, el hermano de la Señora era el Presidente del Banco de Bogotá (Bogotá Bank) y ella estaba segura de que él estaría de acuerdo en ayudarnos.

Ricardo consiguió una cita con el Presidente del banco, y cuando él desenrolló los planos del edificio sobre el escritorio del presidente, dice que sintió la fuerte presencia del Espíritu Santo. Después de unos minutos, él no sólo tenía el financiamiento para la propiedad, sino también para la construcción del edificio. Una vez más, Dios había honrado la fe del pueblo panameño.

Se inicia la construcción

Fueron días emocionantes cuando pusieron las bases y se levantaron las paredes del nuevo templo. Equipos de construcción de los

Estados Unidos vinieron a ayudarnos. Uno de los equipos era del Emmanuel Christian Center en Minneapolis, Minnesota, dirigido por el pastor Mark Denyes.

Día tras día, trabajaron bajo el sol caliente y era un espectáculo impresionante ver lo rápido que se colocaban ladrillos. Las hermosas columnas se elevaron en la parte delantera del exterior del edificio, y también el balcón para 500 personas.

Volviendo a la carpa

Nuestro edificio actual había sido vendido y ya era necesario salir, pero nuestro nuevo edificio no estaría listo por algunos meses.

Sacamos la vieja carpa del almacén (la que había sido utilizada para iniciar la iglesia en 1967) y la pusimos en un terreno al lado de la carretera, no muy lejos de la nueva propiedad. La carpa estaba muy vieja y se podían ver las estrellas por la noche a través de los agujeros.

¡Ojalá que pudiera haber visto cómo celebramos la escuela dominical los domingos por la mañana! Dentro de la carpa, tuvimos varias clases para adultos simultáneamente. Fuera de la carpa, bajo los árboles o en cualquier lugar donde había un poco de sombra, eran casi una docena de clases para niños y jóvenes. Se sentaban en la hierba o en cualquier cosa que pudieran usar.

Esperábamos estar en la carpa durante pocos meses, pero la construcción tomó más tiempo de lo esperado y usamos la carpa durante 11 meses. Sin embargo, durante este tiempo, muchas personas vinieron a Cristo.

Toda una pandilla llegó y casi todos aceptaron al Señor. De esa pandilla, salieron muchos pastores. También, dos hermanas, Anita y Carmen, aceptaron al Señor. Puede leer más de su historia en el Capítulo ocho: "Movimiento Carismático".

Crítica

Pronto oímos rumores de críticas por parte de otras denominaciones sobre el edificio grande que la iglesia estaba construyendo. Palabras como "Los Larson están construyendo su propio reino". Sin embargo, es importante saber que en esos años, 1971 - 1975, sólo había una iglesia más grande de Las Asambleas de Dios en América Central; esta iglesia estaba en El Salvador, y era pastoreada por Juan Bueno.

Y es cierto que sí fue un gran sueño. Trabajando con los otros misioneros y viendo el avivamiento, habíamos aprendido a creer que Dios hace cosas grandes. Cuando nos mudamos a la carpa, esperando terminar el nuevo edificio, se rumoreaba que nos habíamos quedado sin dinero y no podíamos terminar el edificio. Fue un gran día de victoria cuando salimos marchando de la carpa al nuevo edificio. ¡Todo fue para la honra y la gloria del Señor!

Sacrificio extremo

Casi todo el dinero para construir la iglesia y pagar el préstamo vino de los panameños, tan generosos. Dieron y dieron y dieron. Una noche en la iglesia, durante el tiempo de tomar la ofrenda, Ricardo vio a unas señoras que tomaban algo de su oreja y lo daban como ofrenda. Él vio esto varias veces.

Él preguntó al pastor asistente lo que las hermanas estaban haciendo. El pastor asistente explicó que cuando las hermanas salían de su casa para ir a la iglesia, ellas no llevaban carteras por miedo a los robos. Llevaban dos monedas consigo. Ponían una moneda en su oreja para usarla para regresar a casa en el autobús, y la otra moneda era utilizada inmediatamente para el autobús a la iglesia.

Muchas noches, tomaban la moneda de su oreja y la ponían en la ofrenda. Eso significaba que tendrían que caminar a casa, a veces bajo la lluvia. El edificio de la iglesia fue construido con el sacrificio y el amor de los panameños para la obra del Señor.

Protección contra la lluvia

En Panamá llueve aproximadamente cien

pulgadas al año. ¿Cómo pudo nuestra iglesia sobrevivir en una carpa de campaña, llena de agujeros, y no ser destruida por la lluvia? Muchos domingos por la mañana, vinieron las nubes de tormenta pero no se acercaron a la carpa. Llovía sobre todo alrededor de la carpa, pero sólo en el último domingo, antes de trasladarnos al nuevo edificio, llovió sobre nosotros. Era como si el Señor nos dijera "¿Ven cómo los he protegido?"

Cambio de nombre

El nuevo edificio de la iglesia ya no estaba en el área de Vista Hermosa y era necesario cambiar el nombre. Decidimos usar el nombre del programa de televisión y el nuevo nombre de la iglesia fue CATEDRAL DE VIDA.

Dedicación del edificio nuevo

Usamos el nuevo edificio muchos meses antes de que el edificio estuviera listo para la dedicación. Hicimos bancas temporales usando bloques de cemento con madera encima. Diseñé y cosí una hermosa cortina de terciopelo del color de oro, que iba de un extremo de la plataforma al otro. Instalamos un motor para subirla.

Siempre recuerdo la noche en la que Raquel, una señorita del coro, comenzó a cantar, y la cortina empezó a subir. Pero algo pasó con el motor, y la cortina solamente subió a medio camino. Solamente podíamos ver sus piernas. Algunos hermanos subieron detrás de la plataforma y levantaron la cortina con las manos. ¡Raquel y el coro siguieron cantando durante toda esta confusión!

Por fin, vino el día de dedicación – el 18 de enero de 1976.   Nuestro   Director   Ejecutivo   de Misiones Mundiales de los Estados Unidos, el reverendo Philip Hogan, era el orador invitado. El Misionero Juan Bueno de El Salvador estaba también.

El nuevo edificio estaba lleno. Todos en sus mejores vestidos y trajes.   El Coro de Jóvenes cantaba. ¡Qué día de regocijo cuando dedicamos al Señor el nuevo santuario para 1.200 personas y el edificio de tres pisos de educación cristiana!

La iglesia dio una ofrenda misionera de más de mil dólares para mandar a la obra en Egipto. Otra cosa sucedió en ese día, que puede leer en este libro cuando mencionamos al hermano **Gregorio Campos**.

Capítulo Ocho: Movimiento Carismático

Fueron los años en los cuales el Espíritu Santo se movía en Notre Dame, la Universidad Católica en los Estados Unidos. Muchas personas en ese país estaban recibiendo el Bautismo del Espíritu Santo dentro de la Iglesia Católica y también otras denominaciones.

Durante los once meses que estuvimos en la vieja carpa, dos hermanas, adolescentes, asistieron y fueron salvadas. Ellas vinieron noche tras noche a los servicios, hasta que una noche vinieron sus padres y literalmente las sacaron fuera del servicio.

Compartiendo su fe

Las señoritas, Anita y Carmen, asistían a una escuela secundaria católica. Después de aceptar a Cristo, ellas querían compartir su nueva experiencia con sus amigos. Algunos padres tenían curiosidad acerca de los cambios en las vidas de sus hijas. Anita y Carmen fueron a la Madre Superiora y pidieron permiso para compartir con los padres de sus amigas. La petición llegó hasta el Arzobispo de Panamá.

Ellas invitaron a Herminia Villarreal, secretaria de

nuestra iglesia, a ir con ellas a la reunión con el Arzobispo. Saber que algo había pasado en su vida era una cosa, pero saber explicarlo era otra. tenía que aclarar que era miembro de La Catedral de Vida y ministro de las Asambleas de Dios.

Ellas fueron y recibieron permiso para tener las reuniones bajo supervisión estricta. En lugar de reunirse en la escuela, se les dio permiso para usar una iglesia católica una noche por semana.

La primera reunión tuvo buena asistencia y creció hasta que había alrededor de 2.000 asistentes. Esto fue el comienzo del movimiento Carismático Católico en Panamá. La Iglesia Católica fue bendecida, y también mucha gente salió de la Iglesia Católica y comenzó varias iglesias de Las Asambleas de Dios.

Cena con el Arzobispo de Panamá

Fuimos invitados a una casa donde tuvimos el privilegio de conocer y compartir una comida con el Arzobispo McGrath - el líder de la Iglesia Católica de Panamá. Él sabía de nuestra iglesia, y nos dijo que las iglesias Católicas estaban aprendiendo a diezmar por la influencia de los Carismáticos.

Misa de Gallo

Una Navidad, que siempre recordaremos en

Panamá, fue el año en que el Coro de Jóvenes fue invitado a cantar en la Misa del Gallo en una iglesia Católica prestigiosa. Esta invitación vino a causa de nuestro impacto a través de los carismáticos católicos.

La Misa del Gallo es el servicio navideño que se celebra a la media noche de Navidad. Nos dieron permiso de cantar y dar testimonios. Los jóvenes comenzaron a cantar canciones navideños y a dar sus testimonios de cómo el Señor había cambiado sus vidas.

Cerramos el programa cantando la canción "Hay lugar en la cruz para ti". La presencia de Dios fue fuerte en la Iglesia Católica esa noche. ¡Qué gran oportunidad de compartir a nuestro Cristo con muchos.

Capítulo Nueve: Ministerio A Los Indios Kuna

RAMIRO MORRIS

Ramiro Morris es un indio Kuna que nació en la isla de Río Tigre. Los indios Kuna son un pueblo muy colorido.

Cuando una mujer se casa, su marido viene a vivir con la familia de ella. La mujer hereda el dinero de su familia y se puede ver a algunas con grandes collares de oro alrededor de sus cuellos. Eso representa la herencia de la familia.

Cuando Ramiro tenía diez años, su padre se lo dio a un amigo en Costa Rica y allí fue criado. Él llegó a conocer al Señor en una cruzada del Misionero David Godwin. Nosotros lo conocimos en el Instituto Bíblico en Costa Rica, donde él era un estudiante, y servía como el cocinero también. Su sonrisa y el amor por el Señor eran contagiosos.

Mientras Dios estaba llamando a las primeras tres familias misioneras a abrir la obra en Panamá - él estaba llamando a Ramiro también, a regresar a la isla en Panamá donde nació, para alcanzar a su propio pueblo.

Ramiro es un verdadero pionero y ha sufrido mucho. Él plantó la obra de Las Asambleas de Dios en la isla. Él y su esposa Priscilla han enterrado dos hijos en la isla, pero han seguido fieles al Señor. La frase favorita de Ramiro es: "¡Todo fue el plan de Dios!"

Ramiro nos visitó muchas veces en nuestro apartamento en la ciudad de Panamá. Él siempre era bienvenido; él era y es nuestro amigo. Recuerdo que una vez él trajo a tres indios adolescentes con él. Era la primera vez que salían de la isla. Nunca habían estado en un ascensor. Me gustaría que pudiera haber visto su expresión cuando entraron en la puerta del ascensor, en el primer piso, y unos segundos más tarde, salieron en el octavo piso donde podían ver la ciudad.

Se pueden ver los hilos muy coloridos de Ramiro y Priscilla y los hermanos de San Blas en el tapiz. Se puede leer más de la historia inspiradora de Ramiro en el libro que he escrito llamado **"Había un indio - la historia de Ramiro Morris"**.

Capítulo Diez: Líderes Sobresalientes

Como he mencionado, la obra en Panamá comenzó con un verdadero avivamiento. Era una obra de fe. Se predicaba la fe noche tras noche y Dios la confirmó con señales y milagros.

En casi todos los servicios - y tuvimos servicios 5 o 6 veces por semana – las personas vinieron y entregaron sus vidas al Señor.

El evangelismo era parte de su ADN. Su deseo era llenar su ciudad, su país y el mundo entero con el conocimiento del Señor.

Instituto Bíblico

David y Doris Godwin comenzaron el primer Instituto Bíblico en dos aulas en el segundo piso del teatro convertido en iglesia (El Templo Vista Hermosa). Eventualmente, el misionero veterano Rafael Williams se trasladó a Panamá para ser el Director del Instituto Bíblico.

Cuando el nuevo edificio de "La Catedral de Vida" estuvo terminado, se utilizó parte del segundo piso para el Instituto Bíblico. Gracias a

Dios por profesores como Mona Grams Shields, Judy Johnson Kosack, nosotros, y muchos más que enseñaron.

Cuando el hermano Rafael Williams tenía que regresar a los Estados Unidos, Dios llamó a Larry y Dorotea Cederblom a trasladarse de la República Dominicana a Panamá, para ser los nuevos directores. Con el tiempo, los hermanos Cederblom construyeron un nuevo edificio de tres pisos y bajo su supervisión se abrieron Institutos en muchas partes del país. Sin duda, se puede decir que ellos ayudaron en la formación de casi todos los obreros en Panamá. Ellos se quedaron en Panamá por muchos años después de que el resto de nosotros habíamos salido. Se puede ver su hilo en el tapiz por medio de muchos líderes.

Obreros sobresalientes salieron del avivamiento y ellos comenzaron a agregar sus roscas al hermoso tapiz que se estaba tejiendo. Me gustaría poder mencionar cada uno por nombre y contar las cosas que ellos hicieron para el Reino.

Ojalá que usted pudiera escuchar las historias de los hermanos laicos en Panamá. Algunos sirven al Señor en el gobierno y en diferentes partes de la sociedad. El pueblo de Dios está en todas partes y está añadiendo su hilo en el patrón del bello tapiz de Dios. Ellos son verdaderos hombres y mujeres de fe.

HOMBRES Y MUJERES DE FE

Permítame enumerar algunos pocos.

Lowell David

El primer Superintendente   Panameño de las Asambleas de Dios

Su historia debe decir "de mecánico a Superintendente". Nosotros éramos los nuevos pastores de la iglesia Templo Vista Hermosa en la ciudad de Panamá y Lowell David era el pastor de jóvenes.

Fue él quien encontró la propiedad para la construcción del nuevo edificio. Él era un joven muy dinámico, hablaba inglés y español y sentía un fuerte llamado de Dios.

Un día, él vino a Ricardo y dijo que él quería comenzar una nueva iglesia en la ciudad de "La Chorrera". Parecía bien y sugerimos que él invitara al Evangelista Richard Jeffery para ayudarle a empezar. Sin embargo, él quería comenzar de inmediato, así que buscamos la vieja carpa y la pusimos en un buen lote. Los jóvenes de nuestra iglesia distribuyeron volantes – invitaciones - a la cruzada y el coro de jóvenes fue cada noche durante dos semanas para cantar.

Por diversas razones, se podría decir que la cruzada no fue un éxito completo. Por fin, bajamos la carpa y Lowell volvió a ser un mecánico – pero por poco tiempo. Sin embargo, por este esfuerzo, un hombre llamado Gregorio Campos inició su carrera en el ministerio. En seguida va a leer más de su historia.

En pocos meses, el Hermano Lowell, esta vez con la ayuda de Evangelista Richard Jeffery, comenzó una nueva iglesia en la ciudad de San Miguelito. Empezaron en un lote donde habían ocurrido muchos asesinatos.

Comenzaron al aire libre - con sólo un techo sobre la plataforma. Para conseguir gente para los servicios, Richard Jeffery tocaba su acordeón. Una noche, al ver a algunas personas caminando al otro lado de la calle, el Hermano Jeffery gritó:
-¿Es alguno de ustedes sordo?

Alguien gritó:
-¡Sí, él lo es! -mientras señalaba a su amigo.
Jeffery los invitó a venir a la plataforma. Él oró por el hombre sordo. El hermano Jeffery le hizo algunas preguntas y el hombre pudo entender y contestar. Él fue sanado, y podía oír.

El testimonio del sordo sanado se transmitió por todas partes y pronto había muchos asistiendo a la cruzada. Así es como nosotros recordamos la historia. El Hermano Lowell puede contarle mucho más sobre cómo empezó la nueva iglesia en San Miguelito.

Fue por este esfuerzo que un hombre llamado Edwin Álvarez aceptó al Señor. El Hermano Edwin entonces comenzó una cruzada bajo un techo de hojalata. Ahora es la iglesia de Las Asambleas de Dios más grande de Panamá: "Comunidad Apostólica Hosanna".

Cuando Las Asambleas de Dios se organizaron en Panamá, Lowell David fue elegido el primer Superintendente panameño y él continúa siéndolo hasta el día en que se escribió este libro.

Lowell y su esposa Odilia han guiado la obra con sabiduría y oración. Hay iglesias de Las Asambleas de Dios en casi todos los pueblos de Panamá.

Gregorio Campos "El pequeño papelito"

Primer pastor panameño de la Catedral de Vida en la ciudad de Panamá

Gregorio era un cristiano, pero estaba tan ocupado haciendo su vida que no tenía mucho tiempo para servir a Dios. Su esposa, Doris, y su hija, asistían a la iglesia Templo Vista Hermosa en la ciudad de Panamá los domingos. Doris siguió invitando a Gregorio a asistir con ellas, pero él trabajaba seis días a la semana y quería el domingo para descansar.

Era el 31 de diciembre cuando él decidió asistir al servicio especial del Fin de Año. El Misionero David Godwin todavía era el pastor y el título de su sermón ese día fue: "¿Qué le impide servir a Dios?"

Al final del mensaje, entregaron a todos unos pequeños trozos de papel. El Pastor David dijo:
-Ahora, escriba en este pedazo de papel lo que le impide servir a Dios. Luego, lleve su papel y quémelo en las llamas de las velas en el altar.

Gregorio escribió: "Mis dos camiones." Él fue al frente, quemó el papelito, salió de la iglesia y se olvidó por completo de ello.

Nueve meses más tarde, en el mes de septiembre, él conducía su camión, transportando troncos pesados, cuando tuvo un accidente terrible y su camión quedó completamente destruido. En ese momento, Gregorio escuchó una voz que decía: "Te llamo para el ministerio." Seguramente, él debe haber recordado este pequeño 'papelito'.

Al día siguiente, el salió de su casa, trató de arrancar su otro camión, y no arrancaba. Durante tres meses, este segundo camión quedó sin funcionar. Finalmente, él decidió vender el camión por $60.00, explicando al comprador que el camión no funcionaba.

Con el fin de mover el camión, el comprador hizo algo para arrancarlo y lo condujo a su casa.

Gregorio se enteró más tarde de que el camión siguió corriendo por los próximos tres años. Sin duda, fue la manera que Dios usó en la vida de Gregorio para liberarlo para el ministerio.

Él comenzó su ministerio ayudando en la cruzada de Lowell David en la ciudad de "La Chorrera", que estaba cerca de su casa. Al conocerlo, nos dimos cuenta que era un buen hombre de negocios y la iglesia lo contrató a tiempo completo para supervisar la construcción del nuevo edificio.

Gregorio terminó sus estudios en el Instituto Bíblico y pasó a formar parte del personal de la iglesia, como pastor asistente. Cuando llegó el tiempo de que nosotros saliéramos de Panamá, él fue elegido como el primer pastor panameño de la iglesia Catedral de Vida. La Iglesia tenía 1.200 personas, con 20 campos blancos pero, como pastor asistente, él había sido bien entrenado. Después de varios años como pastor, él y su familia fueron enviados como misioneros a Ecuador.

Herminia Villareal
La iglesia en la ciudad de David

Herminia era creyente antes de que Las Asambleas de Dios empezaran en Panamá. Ella estudiaba en el Instituto Bíblico por la noche y durante el día era secretaria del Templo Vista

Hermosa. Sus habilidades como secretaria eran buenas, pero sobresalió en contestar el teléfono. Ella era nuestra mejor publicidad para la iglesia. Muchas personas aceptaron al Señor solamente por hablar con ella por teléfono.

Herminia era la señorita que ayudó a Anita y Carmen a comenzar el movimiento carismático católico en Panamá. Ella era dinámica y no tenía miedo en su predicación. Tenía una carga enorme para el área de Chiriquí, donde ella nació, y en la ciudad de David. La ciudad de David está cerca de la frontera con Costa Rica y a unos 300 kilómetros de la ciudad de Panamá. Varias veces ella habló con Ricardo acerca de su deseo de mudarse allí y comenzar una iglesia.

Por fin, los Godwin decidieron iniciar una cruzada para plantar una nueva iglesia en la ciudad de David. Otras denominaciones dijeron que era una ciudad difícil. Pronto, la pregunta importante fue: ¿quién va con los Godwin para ser el pastor de la nueva iglesia? Ningún hombre quería ir.

Sin embargo, conociendo el deseo de Herminia, los oficiales decidieron que ella podría ir. Pero no todos estaban de acuerdo, y alguien dijo:
-Bueno, probablemente no va a ser muy grande, y qué daño puede hacer una mujer.

Ricardo invitó a Herminia a pasar a su oficina y sentarse y dijo:

-Herminia, tengo buenas noticias para usted. Ha sido aprobada como pastora de la nueva iglesia que los Godwin van a empezar en la ciudad de David. Pero antes de que diga algo, quiero hablar con usted. Herminia, usted es una mujer soltera y si es la pastora, es muy posible que nunca se case. Va a sentirse muy sola. El pastor o la iglesia de Las Asambleas de Dios más cercana estarán a cinco horas de distancia. Algunas personas nunca aceptarán a una mujer como pastor, (etc., etc.).

Antes de que él pudiera terminar, Herminia se puso de pie y con fuego en los ojos dijo:

-¡No me importa lo que me cueste! ¡Dios me ha llamado y Él estará conmigo!

Los Godwin fueron a David y pusieron la carpa. En unos días, tenían 5.000 asistentes. Otra vez, Dios había enviado un gran avivamiento.

Ahora, varios hombres querían ser el pastor de la nueva iglesia en David. David Godwin llamó a Ricardo y dijo:

-¿Qué vamos a hacer?

Como Herminia estaba dispuesta a ir - antes de saber los resultados de la cruzada – sabiamente, ellos decidieron seguir con ella como la pastora.

Después de unas semanas, los Godwin dejaron a la nueva iglesia en las manos de Herminia y el Señor estaba con ella. Ella llegó a tener una iglesia de varios miles de personas. Ella empezó un Instituto Bíblico nocturno para formar obreros y comenzó docenas de iglesias en esa zona. Otros hilos bonitos en el tapiz.

Ah, una cosa importante. Ella se casó y tuvo tres hijos. Ahora es Herminia de Hernández. Usted puede leer más de la historia de Herminia en la última parte del libro, bajo el título "La historia Carismática en España".

Ricardo Girón
De tartamudo a predicador dinámico

Ricardo fue uno de los muchos jóvenes en nuestro grupo de jóvenes. El cantaba en el coro, era fiel a la iglesia y amaba al Señor. Sin embargo, tenía un pequeño problema. Él tartamudeaba cuando estaba hablando. Tal vez porque yo había tenido el mismo problema, él se convirtió en uno de mis favoritos (aunque tenía muchos favoritos).

Él estaba terminando la escuela secundaria cuando salimos de Panamá. Además, él se graduó del Instituto Bíblico. ¡Qué alegría saber que el Señor le había quitado su tartamudez!

Cuando el pastor Gregorio Campos salió a Ecuador como misionero, la iglesia Catedral de Vida de Panamá escogió a Ricardo y a su esposa Silvia como sus nuevos pastores.

Ricardo y Silvia han dirigido esta gran iglesia por más de 25 años. ¡Alabado sea el nombre del Señor!

Capítulo Once: Tiempo De Salir

Era el año 1976, y como misioneros ya era nuestro tiempo de regresar a los Estados Unidos para el año de visitar iglesias. Habíamos sido pastores de La Catedral de Vida durante siete años. Ricardo casi había perdido su salud y necesitaba descansar. Ya la iglesia había plantado muchas iglesias hijas.

Ya era la hora para un pastor panameño. Dios nos estaba guiando en todas las cosas y nos quedamos felices cuando Gregorio Campos fue elegido como el nuevo pastor.

Gregorio Campos instalado como pastor

En el servicio de instalación del hermano Campos, los oficiales pusieron sus manos sobre él en oración. Mientras oraban para que la unción y la fuerza de Dios estuvieran sobre Gregorio, Ricardo dice que literalmente sentía la carga levantarse de sus hombros y casi podía ver el peso bajar sobre los hombros del hermano Campos. Él y su esposa Doris dirigieron esta gran iglesia hasta que Dios los llamó a ser misioneros en Ecuador.

Nuestro trabajo y parte en el tapiz de Panamá habían terminado, pero nuestros corazones siempre estarían allí. Todavía vamos de visita siempre que es posible.

Los jóvenes panameños de nuestra iglesia, Catedral de Vida, fueron una tremenda influencia sobre nuestros hijos. Siempre estaré agradecida de que nuestros hijos fueran criados en una iglesia donde podían ver milagros y sentir la presencia del Señor. Hoy en día, todos aman y sirven al Señor.

A Panamá con amor

La Biblia dice que el amor cubre una multitud de pecados. Así es como funciona mi mente cuando pienso en Panamá. No recuerdo el calor, la humedad, el trabajo muy duro, o la enfermedad.

Lo que recuerdo es la alegría de ser parte del movimiento de Dios más grande que he experimentado. Recuerdo el hambre de los nuevos creyentes por la Palabra de Dios. Recuerdo la rapidez con la cual ellos crecieron en las cosas de Dios y estaban tan listos a decir SÍ al llamado de Dios. Recuerdo como creía que Dios estaba dispuesto a hacer cualquier cosa para ayudarnos a impactar al mundo para Cristo.

¡Qué fe teníamos todos! ¡Qué pasión y fervor! Siempre estaré agradecida por el amor y la unidad entre personas de diferentes países, nacionalidades y culturas. Estábamos unidos en propósito y en amor.

Después de salir la mayoría de los misioneros fundadores, la Iglesia Nacional pudo continuar y lograr que avanzara la obra, porque había sido edificada en la demostración del poder del Espíritu.

Capítulo Doce: La Obra Continúa

Me encanta la escritura, Hechos 13:52, que dice que Pablo y Bernabé eran dos discípulos felices, llenos de gozo y del Espíritu Santo.

Yo seré la primera en decir que no somos ni una milésima como Pablo y Bernabé - pero me gusta pensar que somos dos discípulos felices y rebosantes de alegría y del Espíritu Santo.

Salimos de Panamá y nos fuimos a Madrid, España, donde plantamos una iglesia con la ayuda de David y Doris Godwin. Hoy día, es la iglesia más grande de Las Asambleas de Dios en España, con iglesias hijas en muchos países. Una vez más, fuimos sólo un hilo diminuto en el tapiz de la obra allá.

Las personas son usadas por Dios para cosas especiales y momentos especiales. Yo vi lo siguiente escrito, pero no me acuerdo del autor. Dice así: "Hemos completado la obra que Él nos ha dado para hacer. Pronto vamos a estar en la tumba - polvo y ceniza - pero el trabajo continúa…."**.¡Pero no hay polvo y ceniza para la Iglesia de Jesucristo**!

Apéndice

LA HISTORIA CARISMATICA EN ESPANA
(El resto de la historia de Herminia)

Es algo maravilloso ser parte de un movimiento que trasciende cualquier cosa que podamos planear u organizar.

Después de salir de Panamá, el Señor nos guio a Madrid, España, para plantar una nueva iglesia. Al llegar a España, el plan fue comenzar la campaña en la primavera o a principios del verano. Todo nuestro enfoque fue ir a las oficinas del gobierno para conseguir los permisos necesarios para poner la carpa.

Queríamos conocer a la gente y la cultura españolas. Aceptamos invitaciones a visitar y ministrar en otras congregaciones evangélicas. En su mayoría, eran grupos de 40 a 60 personas que habían sobrevivido a la intensa presión y persecución de los años bajo la dictadura de Franco.

A través de amigos en común, nos invitaron a asistir a un estudio bíblico Carismático. Asistimos a dos o tres de sus reuniones. Seguramente es por esto que fuimos incluidos en su lista de correo.

Semanas más tarde, recibimos una invitación a asistir a la primera reunión anual del Congreso Carismático Católico, que se iba a celebrar en un seminario al norte de Madrid. Sabíamos que el líder del movimiento era un sacerdote católico que tenía contactos con el movimiento de Notre Dame. Él tenía reuniones de oración con uno de nuestros misioneros de las Asambleas de Dios en Barcelona, Gene Anderson. Por curiosidad, decidimos asistir a una o dos sesiones.

Nuestro primer encuentro con el congreso carismático católico fue una noche de la semana. Los sacerdotes y las monjas llevaban ropa de "civil", así que era difícil saber quiénes eran los laicos y quiénes eran sacerdotes o monjas. Pienso que más de 1.000 personas estaban presentes. La adoración era hermosa. Conocíamos casi todas las canciones.

Durante la sesión, alguien dio una palabra profética en la cual se mencionaba a la Virgen María. Nos animaba a seguir el consejo de María y "hacer lo que Jesús dice". Fue una referencia a las palabras en la boda de Caná de Galilea.

Pensé que era una expresión muy apropiada y bíblica. Sin embargo, me di cuenta de que algunos de los asistentes estaban un poco tensos durante esos momentos. Cuando la declaración profética terminó, uno de los líderes femeninos en la plataforma fue al micrófono y empezó a orar:

-Oh Jesús, sólo tú, sólo tú, sólo tú, puedes salvarnos. Solo tú puedes llevarnos al Padre. ¡Solo tú puedes llenarnos de tu Espíritu!

Era muy personal y poderosa. Mientras repetía esa frase una y otra vez, hubo una creciente ola de, "¡Solo tú, solo tú, y ¨amén, amén, amén!", entre la congregación. Yo estaba asombrada e inspirada por el intenso enfoque en Cristo, sin denigrar a María en modo alguno.

Se celebró la última sesión del congreso el domingo por la tarde. Asistimos junto con nuestros queridos amigos, los misioneros David y Doris Godwin. Ellos ya habían llegado a Madrid para empezar la cruzada. En esta sesión, todos los sacerdotes y las monjas llevaban su traje clerical. Esto puede haber sido en parte porque el arzobispo de Madrid estaba presente.

Una vez más, la adoración era bella y poderosa. Había un profundo sentido de la presencia de Dios. Después de la adoración, se presentó el orador invitado. ¡Era un sacerdote de Panamá! Nos quedamos sorprendidos y encantados de escuchar a alguien de un país que significaba tanto para todos nosotros.

Cuando el sacerdote de Panamá comenzó a hablar, nos dimos cuenta de que estábamos experimentado uno de esos milagros de conexión. Lo que Dios hace en una persona tiene consecuencias mucho más allá de lo que podríamos imaginar.

Él contó su historia. Cuando él salió del seminario era un sacerdote joven y desilusionado. Muchos de sus compañeros seminaristas habían aceptado la Teología de la Liberación y se habían ido a varios países de Centroamérica para unirse a los marxistas. Él casi hizo lo mismo, pero fue a ser pastor de una parroquia en un pequeño pueblo cerca de la ciudad de David, en la provincia de Chiriquí de Panamá.

Él celebró solamente una misa los domingos con poco asistencia. Estaba muy desanimado. Siguió diciendo:
-En eso, un misionero de los Estados Unidos puso una carpa en la ciudad de David - la capital provincial de Chiriquí.

Nosotros miramos a David y Doris Godwin, que estaban sentados a nuestro lado. ¡Ellos eran los misioneros que habían puesto esa carpa!

El sacerdote dijo que las personas de su pequeño pueblo fueron a la carpa y regresaron cambiados. El borracho del pueblo se fue y volvió sobrio. Los matrimonios fueron restaurados, los enfermos fueron sanados, y muchas transformaciones maravillosas sucedieron.

Él pensaba, "¡Tengo que ir a ver de qué se trata!" Dijo que en este tiempo, los misioneros habían salido y una mujer estaba predicando. "¿Puedes creer eso? ¡Una mujer!" Nosotros conocíamos muy bien a esta mujer. Era nuestra querida colega Herminia Villareal.

Él explicó que después de asistir noche tras noche, su propia vida cambió. Fue convencido del tremendo poder del mensaje simple del Evangelio. Él comenzó a tomar notas cada noche de los mensajes de la Hermana Herminia. Luego, el domingo por la mañana, él puso todas sus notas en el púlpito de su iglesia y predicó de ellas. Las cosas comenzaron a suceder. Los enfermos fueron sanados, los matrimonios fueron reparados, y los milagros sucedieron. Él tenía que añadir una segunda misa, una tercera, y así sucesivamente.

Por último, con la audacia típica panameña, él salió de detrás del púlpito y miró a los sacerdotes que llenaban las primeras filas de ese santuario grande. Como yo recuerdo sus palabras, él dijo:
-¿Te llamas a ti mismo un sacerdote de Dios? ¡Entonces deja de predicar la filosofía o la política humana, predica a Jesucristo en toda Su gloria! Predica la Palabra del Dios viviente. Predica el

Evangelio que Él nos dio. ¡Él no ha cambiado y su palabra no ha cambiado!

Fue una de las escenas más dramáticas que hemos visto. Todo el tiempo que él estaba predicando, podíamos recordar los años pasados, en nuestra oficina en la iglesia en Panamá, cuando Herminia, con fuego en sus ojos, dijo:
-¡Pastor, no me importa lo que me cueste, no me importa lo que me pase, no me importa lo difícil que sea, esto es lo que Dios quiere que yo haga con mi vida!

¿Quién podría haber sabido la importancia del compromiso de ese día? ¡Que hasta en España iba a cambiar vidas!

Después del mensaje, se presentó el arzobispo de Madrid. Era, por supuesto, un momento solemne. Él dijo que él estaba muy cansado. La Iglesia católica en España había pasado por el polémico proceso de decidir qué posición tomar en la propuesta cláusula de libertad de religión en la nueva constitución democrática.

Se había producido una profunda división sobre el tema en los más altos niveles de la iglesia. Él dijo, (según lo que podemos recordar):
-Me voy de aquí a un lugar de retiro, reflexión y descanso. Estoy muy cansado. Pero tengo la sensación de que ustedes que están presentes aquí

tienen algo que necesito, y me voy a pedir que los líderes aquí en la plataforma vengan a orar por mí.

Mientras los líderes carismáticos fueron y pusieron las manos sobre el Arzobispo, se elevó un coro silencioso de oración. Era evidente que él estaba profundamente conmovido.

Una vez más me acordé de las palabras de Herminia: **"¡No me importa lo que me va a costar, pastor....!"**

www.ingramcontent.com/pod-product-compliance
Lightning Source LLC
Chambersburg PA
CBHW071638050426
42443CB00026B/723